P. M. LENERVIEN

Le Cléricalisme

Maçonnique

PARIS

LIBRAIRIE ACADÉMIQUE DIDIER

PERRIN ET Cⁱᵉ, LIBRAIRES-ÉDITEURS

35, QUAI DES GRANDS-AUGUSTINS, 35

1898

Le Cléricalisme Maçonnique

P. M. LENERVIEN

Le Cléricalisme

Maçonnique

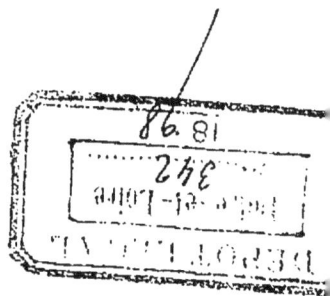

PARIS

LIBRAIRIE ACADÉMIQUE DIDIER

PERRIN ET Cⁱᵉ, LIBRAIRES-ÉDITEURS

35, QUAI DES GRANDS-AUGUSTINS, 35

1898

AVANT-PROPOS

« La publication d'un ouvrage vraiment scientifique sur la franc-maçonnerie satisferait à une des plus hautes nécessités de notre époque.

« Un livre qui, en remplissant toutes les conditions de la science et de la critique, ferait connaître l'origine, l'histoire, la nature, les pratiques, les symboles, la situation de la franc-maçonnerie et son influence sur les États modernes, aurait un mérite inappréciable. Il dissiperait enfin les ombres qui enveloppent cette société mystérieuse et permettrait de la juger en pleine connaissance de cause. »

Ainsi parlait, dans *Freiheit, Autorität und Kirche,* un vaillant apôtre de la démocratie allemande.

Ce n'est pas dans quelques pages jetées à la hâte qu'il faut chercher l'ouvrage complet auquel l'écrivain que nous citons promet les caractères d'un

1

« mérite inappréciable ». Du moins, nous avons tâché de résumer ici les résultats d'une recherche sincère et d'un consciencieux effort et, seulement sur quelques points du programme, cherché à réaliser les « conditions de la science et de la critique ».

Une enquête récente semble établir, en dehors des professionnels de la confusion et des amateurs de l'ambiguïté, le parfait accord d'hommes d'opinions très diverses sur le sens qu'il convient d'attribuer à ce mot : cléricalisme.

Ceux-là mêmes qui abritent sous le prétexte d'une résistance défensive vis-à-vis du cléricalisme la campagne offensive qu'ils mènent contre la religion et la liberté ; ceux-là mêmes dont la haine aveugle ne distingue, ou ne veut pas distinguer l'abus du droit, sont les premiers forcés de reconnaître, au moins de feindre de reconnaître publiquement, la distinction entre la doctrine et le cléricalisme. Ainsi le veut la nécessité de traîner à la remorque les indifférents sans passion, qui à la guerre religieuse avouée opposeraient peut-être leur respect de la seule liberté de conscience.

Gambetta, Jules Ferry et tant d'autres ont, à mainte occasion, dû insister sur la distinction et, malgré les démentis formels que leurs actes n'ont cessé de donner à leurs paroles, malgré la confusion qu'entretiennent à plaisir les successeurs de leur politique religieuse, la logique et la sincérité l'emportent ; de plus en plus le cléricalisme désigne le profit abusif que les partisans d'une doctrine, religieuse ou philosophique, cherchent à tirer pour cette doctrine de la législation nationale, de l'intervention officielle des pouvoirs publics ou du zèle officieux de leurs détenteurs.

Comme avant tout, lorsque l'on discute avec l'intention de convaincre, il convient d'être clair, extrayons des réponses faites à l'enquête dont nous parlons les citations les mieux appropriées à donner du cléricalisme l'idée que nous attachons nous-même à ce mot.

« Qu'est-ce que le cléricalisme, demandait d'abord le questionnaire que *la Revue* du 10 juin 1897 adressait à diverses notabilités de tous les partis ? N'existe-t-il qu'un seul cléricalisme, le cléricalisme catholique, ou des cléricalismes spéciaux aux diverses confessions ? »

Voici quelques extraits des réponses :

« On est convenu d'appeler « cléricalisme » l'ingérence de l'Église dans le gouvernement de l'État.

« ... Il n'y a donc pas dans l'histoire qu'un cléricali sme catholique. Il y a eu un cléricalisme juif, un cléricalisme musulman, un cléricalisme protestant.

« L'ambition dominatrice des Églises n'est pas plus illégitime que les autres ambitions, mais la résistance que lui ont toujours opposée les pouvoirs publics est de droit naturel.

« Je tiens, pour ma part, que le devoir strict, impérieux de l'État est de repousser ces prétentions, quelle que soit la foi particulière du clergé qui veut les exercer [1]. »

« Pour Gambetta, cléricalisme signifiait catholicisme. Généralement, le mot est pris dans une autre acception. On pourrait, il me semble, le définir ainsi : le cléricalisme est l'influence abusive du clergé (de n'importe quel culte) dans le domaine des choses d'ordre civil et administratif [2]. »

« J'admets que cléricalisme veuille dire ingérence du clergé dans le gouvernement ou dans l'administration du pays.

[1] Joseph REINACH, *la Revue* (10 juin 1897 ; p. 32 et 33).
[2] Roger LAMBELIN, conseiller municipal de Paris, président du Comité central de la Jeunesse royaliste de Paris, *la Revue* (10 juin 1897 ; p. 34).

« Affecter de croire que le clergé catholique a la prétention de jouer un rôle pareil est certainement faire preuve d'une mauvaise foi inique, et il est hors de doute que la franc-maçonnerie, par exemple, mérite incomparablement plus un pareil reproche.

« Il est à la connaissance de tout le monde que le dernier ministère notamment (je veux dire le précédent ministère), qui comptait comme franc-maçons presque la totalité de ses membres, était absolument soumis à l'autorité des loges[1]. »

« Pour les libres penseurs, le cléricalisme se confond avec le catholicisme ; on est clérical dès qu'on est chrétien, c'est net.

« Pour les *penseurs libres* — ce qui est très différent — à quelque confession et à quelque philosophie qu'ils appartiennent, le cléricalisme a une certaine tendance à la théocratie, à la confusion du spirituel et du temporel, à l'absorption de l'État par l'Église[2]. »

« Mais il faut être aveugle pour ne pas voir qu'à

[1] Général DU BARAIL, ancien ministre de la Guerre, *la Revue* (10 juin 1897 ; p. 36).
[2] E. DE SAINT-AUBAN, avocat, *la Revue* (10 juin 1897 ; p. 37).

notre époque ce sont les sectes, ennemies déclarées
de la religion catholique, non l'Église, qui oppriment
les consciences, qui mettent au service de leurs
coteries, de leurs opinions ou plutôt de leur scepti-
cisme, de leurs haines personnelles, toutes les
forces, toutes les ressources de l'État, qui, pour
parler leur langage, pratiquent le cléricalisme ».

« ... C'est en ce sens que les pouvoirs publics me
semblent subir l'influence du pire des « cléricalismes » : le « cléricalisme », qui fait de fonctionnaires le clergé régulier d'une sorte de nihilisme
philosophique ; le « cléricalisme », qui exclut de
toutes les faveurs de l'État, voire de l'égalité politique et administrative, les Français qui ne consentent
pas à renier la foi atavique, traditionnelle, nationale de la France ; le « cléricalisme », qui excom-
munie le citoyen fidèle quand même aux croyances
et à la morale qui ont comme façonné les institutions, les lois, les mœurs de notre pays.

« C'est en ce sens que le « cléricalisme » apparaît aux personnes vraiment libres comme un danger
pour l'État, parce qu'il dissout les forces morales de
la Patrie, qu'il brise le frein le mieux éprouvé des
consciences individuelles, et qu'il prépare de la
sorte l'anarchie sociale, déjà professée comme le

terme logique de la désagrégation, ou, comme disent
les sectes, de l'évolution commencée.

« Ai-je besoin d'ajouter, pour conclure, qu'il me
semble absurde, antipatriotique, de faire des représentants de l'idée religieuse les parias d'une démocratie qui, théoriquement, n'écarte de la participation à son gouvernement que les mineurs et les
indignes [1]. »

« ... J'ai lu, dans votre dernier numéro, une
réponse qui me satisfait en tous points : celle de
M. Émile de Saint-Auban (voir ci-dessus). Après
l'avoir relue attentivement, je me l'approprie sans hésitation, mot pour mot, et à mon tour je la signe [2]. »

« ... Nous avons... le *cléricalisme scientifique* dont
(M. le Dr Grenier me pardonne !) Berthelot est
dieu, Bourgeois le porte-parole, et Zola le porte-
parfums. Quelle intransigeance chez ces nouveaux
pontifes et quels empiètements de leur part sur le
terrain religieux !

« Nous avons le *cléricalisme franc-maçonnique* qui

[1] Jules Delahaye, ancien député, *la Revue* (10 juillet 1897 ;
p. 82).

[2] E.-M. de Vogüé, *la Revue* (10 juillet 1897 ; p. 83).

n'a pas ses seuls temples à la rue Cadet... Ce n'est pas seulement au Conseil municipal de Paris ou à celui de La Mure que siègent les représentants de ce culte, ils fréquentent volontiers à la Chambre des députés. Le bureau présidentiel se transforme alors, avec M. Brisson, en une chaire, d'où partiront désormais contre les erreurs de la pensée chrétienne les foudres, les anathèmes, les excommunications de la libre pensée.

« Parlerai-je du *cléricalisme politique*, pour lequel l'État est le seul dieu, dieu jaloux et despote, qui enlève à ceux qu'il gouverne tous, leurs droits, si tel est son bon plaisir.

« Les fonctionnaires catholiques pourraient en dire long, si la prudence n'était pour eux devenue vertu nécessaire.

« Il y a le *cléricalisme protestant* qui, ces derniers temps, a fait beaucoup parler de lui, un peu trop lorsqu'il s'est agi de Madagascar [1]. »

« ... C'est un mot de combat inventé pour frapper l'imagination des masses, en leur faisant entrevoir un

---

[1] Abbé J. Fonssagrives, aumônier du Cercle catholique des Étudiants, *la Revue* (10 juillet 1897).

ennemi mystérieux, un sombre régime théocratique
où le clergé aurait la mainmise sur le temporel aussi
bien que sur le spirituel. C'est toujours ce même
spectre noir qui trouble la quiétude du bourgeois en
même temps qu'il excite les colères du travailleur[1]. »

« Le cléricalisme, chose bien différente du catholicisme dont il n'est pas même la contrefaçon.

« ... Le clérical... ne voit rien, ne connaît rien, ne
veut rien voir, rien connaître en dehors du point de
vue auquel il se place, et du cercle généralement
fort restreint dans lequel il se meut.

« ... Gambetta donnait, sans le vouloir, un bon conseil aux catholiques, et peut-être bien des malheurs
eussent été évités si nous avions su tirer profit de
sa parole : « Le cléricalisme, voilà l'ennemi[2] ! »

« De tout temps, Monsieur, et dans tous les cultes,
il y a eu des cléricaux, c'est-à-dire des sectaires qui ont
voulu mettre l'autorité publique au service de leur foi
pour opprimer ceux qui ne pensaient pas comme eux.

« ...Les cléricaux de cette fin de siècle, ceux qui

---

[1] V. DE MAROLLES, président de la Corporation des Publi-
cistes chrétiens, *la Revue* (10 septembre 1897; p. 189).

[2] Abbé NAUDET, directeur de *la Justice sociale*, *la Revue*
(10 septembre 1897 ; p. 194, 196).

enveloppent de leurs tentacules le gouvernement de ce pays pour l'associer à leurs querelles et l'asservir à leurs passions, ce sont, si j'ose le dire, les honorables francs-maçons ; non qu'au nombre des « fils de la Veuve » je ne connaisse et n'apprécie des esprits très élevés, très libéraux, très respectueux des croyances d'autrui ; mais parmi les bigots de la secte, ceux qui pontifient, qui tiennent pompeusement le maillet, ou qui, plus modestes, ceints du tablier symbolique, pratiquent dévotement les exercices du culte, combien sont nombreux ceux qui s'imaginent que nous avons mis au monde la République pour donner les fonctions et les emplois aux seuls francs-maçons et empêcher les catholiques de « faire pleuvoir sur le temple. »

« Le meilleur Gouvernement, Monsieur, sera, sauf votre respect, celui qui nous *embêtera* le moins. Combien encore, nous, nous sommes loin de cet idéal [1] ! »

Si ces citations sont un peu longues, du moins elles établissent, pensons-nous, que l'on est assez d'accord sur la multiplicité et sur les caractères du « cléricalisme ».

[1] ANDRIEUX, ancien député, ancien préfet de police, *la Revue* (10 septembre 1897 ; p. 198, 199).

Le 16 Mai, les années qui l'ont précédé et les cinq mois qui l'ont suivi, ont montré les erreurs politiques du « cléricalisme » catholique. C'est le seul pourtant qui ait des droits à l'existence, puisque seul il dérive d'une doctrine basée sur le principe d'autorité. Celle-ci, émanée elle-même d'une puissance supérieure à l'homme, impose tout d'abord aux fidèles mêmes de la doctrine les contraintes que le zèle de certains d'entre eux veut étendre à tout le monde.

Il échappe à toute logique que les adeptes de la libre discussion cherchent à imposer leur manière de voir; cette prétention ne peut se comprendre de la part des protestants que parce qu'ils ne sont plus, à cause même de la rationalisation progressive de leur foi et de la disparition des liens religieux, qu'une simple coterie ; pourtant il n'est personne, à moins de n'avoir jamais entendu parler de l'organisation et de la composition des cadres de l'enseignement public, qui ignore l'existence d'un cléricalisme protestant. Et quel cléricalisme !... Ce sera peut-être un jour la revanche de l'autre.

Le cléricalisme juif est l'essence même de la religion judaïque, puisque l'empire du monde est le but des efforts des enfants d'Israël.

D'autres que nous ont nommé un autre cléricalisme

auquel on prend moins garde, probablement parce
qu'il crie plus fort au cléricalisme des autres : c'est
le cléricalisme maçonnique. Il n'est, du reste, pas
sans lien avec les deux derniers.

Par une affinité naturelle, l'espoir de dominer
attire les Juifs dans les rangs de la franc-maçonnerie ; par une autre affinité naturelle, la haine de
Rome, qui est le seul point commun peut-être à tous
les protestants, les rapproche de ceux dont Rome
est « l'éternelle ennemie », et bon nombre de fidèles
des deux religions reconnues par l'État se laissent
encadrer dans la violente campagne que mène contre
la troisième d'abord, le catholicisme, contre la liberté
ensuite, au détriment de la République compromise
par leur zèle et de la démocratie dévoyée par leur
exclusivisme, une poignée de libres penseurs sectaires
et grincheux. Le caractère même de la politique
cauteleuse, sombre et soupçonneuse de ces tartufes
semble achever de déterminer le classement qui
rassemble dans le triangle maçonnique ces trois
groupes au tempérament si peu français [1].

---

[1] A rapprocher de la curieuse citation de M. Francis
Charmes, dans *la Revue des Deux Mondes*, du 1ᵉʳ février 1897 :
« Nous avons sous les yeux, dit M. Francis Charmes,
l'avant-dernier fascicule hebdomadaire de *l'Univers israélite*,
journal des principes conservateurs du judaïsme. L'affaire

Plus de 30.000.000 de Français, catholiques ou libres penseurs à ferveur variable ou à indifférence graduée, soucieux, par la nature même du caractère généreux et bon enfant que nous ont légué nos ancêtres, de vivre sans querelle et, s'il faut se combattre, de se combattre à la française, sans torche et

Dreyfus y est présentée comme le résultat préparé de longue main d'une très vieille conspiration de l'Eglise contre l'Esprit, conspiration qui est stigmatisée en style de l'Apocalypse. L'Eglise, c'est l'Eglise catholique. L'Esprit, qui est sans doute le judaïsme, appelle à son aide les forces réunies des Eglises dissidentes et de la libre pensée, et il paraît surtout compter sur la franc-maçonnerie. La République, « avec la liberté égale pour tous et la neutralité en matière confessionnelle », ayant porté un coup à l'Eglise, les cléricaux ne lui ont pas pardonné. Suit une longue énumération des membres participants de l'armée cléricale, parmi lesquels feu Verlaine et même Villiers de l'Isle-Adam tiennent leur place à côté de Mlle Couédon. Ils se sont alliés à la lie de la population; toutes les décompositions morales ont communié; les odeurs de sacristie mêlaient leurs parfums rances aux senteurs des égouts... Alors qu'imagina-t-on ? On imagina de faire entrer en jeu l'armée; on souleva l'affaire Dreyfus, on donna à choisir entre « les sales Juifs » et « l'honneur de l'armée ». L'opinion se laissa duper, le tour était joué et la réaction triompha. « A nous donc, Juifs, protestants, francs-maçons, et quiconque veut la lumière et la liberté, de nous serrer les coudes et de lutter pour que la France, comme dit une de nos prières, conserve son rang glorieux parmi les nations, car déjà un sombre corbeau a planté ses griffes sur le crâne du coq gaulois et se met en devoir de lui becqueter les yeux. » Et ce sont là les phrases les plus littéraires de cet article, beaucoup plus propre à compromettre qu'à servir la cause qu'il défend (*Revue des Deux Mondes.*, 1er février 1898 ; p. 714).

sans poignard, subissent depuis vingt ans le joug
honteux de ces jacobins solennels et hargneux.
Depuis vingt ans on parle toujours du cléricalisme
catholique ; on commence à sentir les cléricalismes
juif ou protestant[1]. Nous voulons consacrer quelques
pages au cléricalisme maçonnique.

---

[1] Voir le discours de M. de Mahy à propos de Madagascar
et l'article du vicomte d'Hugues, *la Revue* (10 août 1897).

Le
Cléricalisme Maçonnique

I

L'OPINION DE CEUX QUI N'EN ONT PAS
SUR LA QUESTION

Que reprochez-vous aux francs-maçons? De nouer dans la philanthropie, en dehors et au-dessus des confessions religieuses, les liens de la solidarité humaine? Mais, vraiment cette indépendance de la conscience est tout à fait en rapport avec l'esprit de notre époque. Voulez-vous rétablir l'Inquisition et révoquer à nouveau l'Édit de Nantes? — De se réunir en un banquet annuel, de se faire des signes secrets de reconnaissance? En vérité, il n'y a point à leur en vouloir si fort, pour faire de ces pratiques sans importance la condition facile de leur féconde bienfaisance.

Un peu originaux, soit; mais c'est pour faire la charité qu'ils se réunissent, et pour banqueter de temps à autre. C'est évidemment là le plus clair de leur action. Pourquoi poursuivre d'une si amère hostilité des gens qui font du bien à plusieurs et ne font de mal à personne ?

Fils de la bourgeoisie libérale, que de fois nous avons entendu ce plaidoyer, sans profonde chaleur, mais non sans optimiste sérénité, sortir de la bouche de tels de nos parents ou de nos maîtres, trop éloignés par les tendances de leur nature des mœurs des sociétés secrètes pour croire à la réalité de leur action, trop convaincus peut-être de l'insigni- fiance des choses religieuses, pour croire qu'une lutte contre elle pût devenir la raison d'être et l'idée fixe de groupements humains.

Les francs-maçons, nous a-t-on cent fois répété, admettent toutes les religions ; leurs secrets, vrais secrets de polichinelle, sont de pure forme ; origi- nalité, vous dis-je, rien de plus : ils ne menacent ni la morale ni l'ordre public. Du reste, ils ne s'oc- cupent pas de politique : c'est dans leurs statuts, que tout le monde connaît. Et ces indifférents hon- nêtes et quelque peu naïfs riaient en hochant la tête de la simplicité de ceux qui leur parlaient ou de surnaturel, ou simplement d'une activité politique d'orientation bien déterminée.

L'auteur de ces lignes a été élevé, avec mille autres, dans cette atmosphère où, sans méfiance et sans documents, on n'éprouvait sur ce point, comme du reste sur tant d'autres, nul besoin d'éclairer une opinion réputée juste *a priori*.

Ils sont légion, ceux qui n'ont sur la franc-maçonnerie que les données que nous avions, nous-mêmes, à l'âge de vingt ans et qui, de proche en proche, avec les amis, avec les enfants, transmettent à leur tour la bonne parole de paix et de quiétude. A part les catholiques, nous l'avons déjà dit, peu nombreux sont forcément ceux qui ont motif de soupçonner la franc-maçonnerie de quoi que ce soit de mauvais. Ce sont surtout les hommes de bonne foi parmi ceux-ci, que nous nous proposons d'éclairer, simplement par des faits; oui « par des faits », car, si modeste que soit cette étude, nous avons la coquetterie et à la fois l'honnêteté d'en faire une œuvre sérieuse, jugée telle de par ceux qu'elle ne convaincra pas. Aussi, nous avons rigoureusement proscrit tout ce qui nous a paru simplement douteux. A plus forte raison, faisons-nous un silence systématique sur les œuvres de certains mystificateurs, qu'à toute époque nous avions jugé à la valeur morale qu'il leur a plu enfin de s'attribuer eux-mêmes.

Mais, dira-t-on peut-être, après que l'on a tant
parlé de la franc-maçonnerie, tant écrit sur son
compte, était-il bien nécessaire de réunir dans une
brochure de quelques dizaines de pages des documents et des réflexions qui ne peuvent offrir ni
l'ampleur des ouvrages sérieux de N. Deschamps [1]
ou de Claudio Janet [2], ni le piquant des amusantes
révélations d'Andrieux? A cette question qui s'imposait tout d'abord à l'auteur, la réponse a été faite,
affirmative, par des hommes bien placés pour formuler en cette matière les avis les plus autorisés, et
dont l'opinion tirait une valeur particulière de ce fait
que, laïques et indépendants, ils n'envisageaient la
question, quoi qu'ils pensassent par ailleurs, ni au
point de vue de leurs personnes dont l'indépendance
n'a point eu à souffrir de la maçonnerie, ni au point
de vue de leurs convictions, qui ne sont pas en jeu
dans le procès de droit commun intenté ici à la caste
des francs-maçons. Aussi bien, ils sont en petit
nombre ceux à qui, à défaut d'autres considérations,
les loisirs laissent le temps de lire de gros volumes

---

[1] *Les Sociétés secrètes et la Société.* —. Seguin frères, édi-
teurs (Avignon).

[2] *La Franc-Maçonnerie au* xix° *siècle.* — Seguin frères, édi-
teurs (Avignon).

et, en dehors de ceux qui lisent les encycliques du Pape et les mandements de leurs évêques, peu de citoyens français trouvent dans la presse, qui occupe chaque jour quelques fugitifs quarts d'heure de leur temps, les échos, volontairement assourdis le plus souvent, de polémiques qui paraîtraient sans intérêt. C'est à cette masse, sans parti pris sur la question, mais aussi sans données sur elle, que s'adresse cette courte étude.

Le cri d'alarme que nous y poussons n'a pas, quoique nous pensions aussi nous-même, l'accent confessionnel. Nous en avons choisi le ton de façon à ce que d'autres oreilles que celles des croyants puissent s'arrêter à l'écouter et consentir à l'entendre. C'est même de préférence et presque exclusivement à celles-là qu'il s'adresse. Aussi bien, d'autres que les catholiques, fervents ou non, nous espérons le montrer, sont menacés par la franc-maçonnerie, dans leur dignité d'hommes, dans leur fierté de Français et dans leur liberté de citoyens.

II

DEUX MOTS DE NOS RÉFÉRENCES

De toutes les questions qui se rapportent à la
franc-maçonnerie, historique, rituel, symbolisme,
action, cette dernière est la seule dont nous nous
proposions de nous occuper.

La franc-maçonnerie remonte-t-elle au meurtre
d'Hiram, un des architectes du temple de Salomon
ou aux Templiers, ou vient-t-elle d'ailleurs? A-t-elle
pour inspirateur le diable ou simplement la rou-
blardise humaine qui, après tout, est peut-être de
ses amies? Nous laisserons la question ouverte.

Pourquoi, dans le style de l'ordre, franc-maçon
s'écrit-il F∴ M∴, et pourquoi les frères se grattent-
ils dans la main? Pourquoi le programme des réunions s'appelle-t-il une planche; les banquettes, des
colonnes? Pourquoi dans certains instants solen-

nels, les « maîtres » se mettent-ils le pouce sur
le ventre öu, sous le nom de « pas du maître »,
entrent-ils en séance en faisant des entrechats ?
Nous n'examinerons pas les impérieuses raisons
de gravité symbolique ou de douce gaieté qui
ont présidé à la détermination d'un rituel auquel
les FF.·..·.(lisez : frères) tiennent avec une inal-
térable fidélité. Nous nous bornerons à rechercher
ce qu'ils disent, à examiner ce qu'ils font et, comme
les observations sont nombreuses et leurs conditions variées, le lecteur pourra en déduire des conclusions et, comme on dit en science, en dégager
des lois ; et ces lois sont simples. Le lecteur, pensons-nous, reconnaîtra la généralité de l'énoncé suivant :

La franc-maçonnerie est une institution qui pour-
suit un but tout différent de celui qu'elle annonce
dans ses déclarations publiques ou semi-publiques ;
elle dit, en loge — et alors en des termes outrecui-
dants — le contraire de ce qu'elle dit en dehors. En
termes plus simples, en dehors des « tenues », elle
ment ou biaise; dans les « tenues » elle étale le plus
étonnant cynisme.

Mais il est temps de dire à quelle source nous
prendrons les éléments de ce procès contre la franc

maçonnerie ; de dire qui accuse, et quels sont les témoins. Le plus souvent ce sera l'accusée elle-même dont les aveux, cauteleux ou cyniques, donnent les arguments les plus éloquents. Nous ne citerons comme témoins que des hommes sûrs, des amis, rien que des amis le plus souvent, quelquefois d'anciens amis de l'accusée et, si des noms d'adversaires paraissent exceptionnellement dans ces pages, eux-mêmes presque toujours se seront bornés, on le verra, à nous fournir de documents puisés aux bonnes sources : les aveux de la franc-maçonnerie ou de ses amis dans les rares moments où ils n'ont pas besoin de mentir.

Et quelles sont ces voix et ces amis de la sacro-sainte accusée? Mais, le plus généralement, ses propres organes, les feuilles maçonniques; les écrits ou les mots typiques de ses adeptes les plus illustres par la valeur personnelle ou par la situation publique, qu'ils s'appellent Voltaire ou soient anciens ministres.

Pour ce qui concerne l'époque à peine touchée de la Révolution, pouvons-nous faire mieux, pour n'être pas taxé de partialité cléricale, que de prendre conseil de M. Aulard, le grand-pontife, de par le conseil municipal de Paris, de l'enseignement officiel de la

Révolution ? Si M. Aulard nous recommande un auteur, pourrons-nous, dans l'ordre d'idées que nous indiquons, faire mieux que de nous fier à cet auteur. C'est en vertu de ces raisons que nous nous fierons à Louis Blanc, soit qu'il nous parle de la franc-maçonnerie proprement dite, soit qu'il nous parle de l'illuminisme. Nous croirons avec lui à la communauté d'action de la franc-maçonnerie et de l'illuminisme et, s'il y a lieu, des doctrines de celui-ci nous déduirons les doctrines de celle-là.

En dehors des réserves qu'il est toujours prudent de faire pour son propre compte, voici l'opinion de M. Aulard sur Louis Blanc: « D'ordinaire il est exact, et toujours il cite ses sources, qui sont d'inégale valeur, d'un choix étroit...; il laisse parler ses auteurs...; sauf quand son culte pour la religion rêvée par Robespierre l'entraîne à des sophismes contre Danton, ses jugements sont impartiaux et mesurés[1]. » Forts de cette recommandation, nous écouterons Louis Blanc, pour l'époque de la Révolution, comme pour l'époque présente nous écouterons les journaux maçonniques, et le réquisitoire calme et modéré du ci-devant F ∴ Copin-Albancelli.

---

[1] AULARD, *Études et leçons sur la Révolution française* (p. 37).

Cet auteur ne nourrit contre la secte aucune aigreur [1] :
il paraît croire assez peu au surnaturel [2], et, pour
avoir quitté les « colonnes », il ne professe pas, que
nous sachions, de sentiments religieux. Pour ces
raisons, son témoignage sans passion offre les
garanties d'une équité que les adversaires peuvent
difficilement récuser, et nous semble particulièrement approprié à l'état d'esprit de ceux dont ces
pages sollicitent tout spécialement la bonne foi.

[1] Je n'ai aucun motif personnel de haine contre la franc-
maçonnerie. Au contraire... Je ne puis donc avoir, je le répète,
aucun motif de haine contre la franc-maçonnerie, et ce n'est
pas là qu'il faut chercher la raison des attaques que je formule dans l'étude qui va suivre... COPIN-ALBANCELLI, *La Franc-
Maçonnerie et la question religieuse* (Perrin éditeur, 1892 ;
Avant-propos, p. IV-VII).

[2] J'estime, quant à moi, que c'est faire beaucoup d'honneur
à la franc-maçonnerie que de la prendre comme une société
satanique. C'est l'auréoler aux yeux des naïfs d'un prestige
dont sont bien loin de se plaindre les politiciens qui l'ex-
ploitent et qui sentent fort bien ce que gagnent les francs-
maçons à être présentés comme des êtres extraordinaires, non
pas comme des demi-dieux, mais comme des demi-diables,—ce
qui est encore très beau ; —tandis qu'ils ne sont pour la plupart
que de petits bourgeois vulgaires, des ambitieux faméliques
ou de fanatiques jobards, souvent incapables de mener intelli-
gemment leurs affaires particulières et d'autant plus ridicules,
par conséquent, dans leur prétention de diriger celles de la
nation (COPIN-ALBANCELLI, *La Franc-Maçonnerie et la question
religieuse* ; p. 96-97).

III

UN COUP D'ŒIL AU PASSÉ

C'est au xviiie siècle, qu'elle vienne d'Hiram, de Jacques Molay, d'ailleurs ou du diable, que la franc-maçonnerie commence à se manifester, par de vagues révélations d'abord, puis, et plus encore, par la mise en pratique de quelques-unes de ses doctrines. Consultons Voltaire, un des siens, un des Pères de l'association bienfaisante, compatissante aux petits, douce aux malheureux, soucieuse de chercher en dehors des cadres étroits des superstitions haineuses, le bonheur du peuple, l'émancipation de la pensée humaine, l'égalité entre les hommes, le relèvement de la dignité humaine. Précurseur de la Révolution, la grande libératrice, nous oublions que vous avez sali Jeanne d'Arc, l'autre libératrice, la première, — vulgaire cléricale d'ailleurs; — nous

oublions que vous avez félicité le roi de Prusse
d'avoir battu à Rosbach les armées de la France [1].
Comme Franklin, un genou en terre, nous attendons
la bénédiction de votre bouche patriarcale. Et voici
ce que dit M. de Voltaire :

« Il est à propos que le peuple soit guidé et non
pas qu'il soit instruit, il n'est pas digne de l'être [2]. »

« Il est égal pour le peuple non pensant qu'on
lui donne des vérités ou des erreurs à croire, de la
sagesse ou de la folie, il suivra également l'un et
l'autre ; il n'est que machine aveugle [3]. »

« Il me paraît essentiel qu'il y ait des gueux ignorants [4]. »

« Les idées d'égalité et d'indépendance et toutes
ces chimères ne sont que ridicules [5]. »

« Le système de l'égalité m'a toujours paru l'or-
gueil d'un fou [6]. »

« On n'a jamais prétendu éclairer les cordonniers
et les servantes [7]. »

---

[1] Voir p. 153.
[2] *Lettre à Damilaville*, 19 mars 1766.
[3] *Pensées remarquables*, chap. XXXI.
[4] *Lettre à Damilaville*, 1er avril 1766.
[5] *Lettre au duc de Richelieu*, 13 février 1771.
[6] *Ibid.*, 11 juillet 1770.
[7] *Lettre à d'Alembert*, 2 septembre 1768.

« Quelque parti que vous preniez, je vous recommande l'Infâme ; il faut la détruire chez les honnêtes gens et la laisser à la canaille, grande ou petite, pour laquelle elle est faite [1]. »

« Je l'ai déjà comparé (Jésus-Christ) à notre Fox qui était, comme lui, un ignorant de la lie du peuple, prêchant quelquefois, comme lui, une bonne parole et prêchant surtout l'égalité qui flatte la canaille [2]. »

M. de Voltaire peut s'en tenir là.

Nous avons reconnu le franc-maçon. La Révolution lui a décerné les honneurs du Panthéon ; notre jeunesse a été bercée par la légende des jeunes royalistes, qui, fanatisés, — probablement par les Jésuites, — avaient, sous la Restauration, violé sa sépulture et jeté au vent ses cendres vénérables ; on sait qu'on les a récemment retrouvées intactes. On sait que, sauf un attentat, aussitôt réprimé, commis sur son tibia par un indiscret spectateur qui voulait en faire un « presse-papier original » et monumental, elles continueront à dormir sous la respectueuse sauvegarde du peuple reconnaissant. A l'heure où paraîtront ces lignes, la Chambre, feu la Chambre, lui aura sans doute voté le monument de marbre blanc

[1] *Lettre à Diderot*, 25 septembre 1762.
[2] *Mélanges choisis*, chap. XI.

que son amour du peuple lui donne droit de prélever sur le pécule des contribuables, sous le joug de cette « canaille » qui, pour payer, n'a pas besoin d'être instruite, n'étant pas « digne de l'être. »

Nous dira-t-on que ce sont là des opinions personnelles à M. de Voltaire, nous ferons remarquer que M. de Voltaire n'était pas membre de la première loge venue, qu'il n'était pas lui-même le premier venu et que ces idées passeront avec peine pour accidentelles, pour isolées dans son siècle, et pour dénuées de portée à la veille de la Révolution, si on veut bien prendre garde que Voltaire était membre de la Loge des Neuf-Sœurs [1], ou « vinrent successivement se grouper Garat, Brissot, Bailly, Camille Desmoulins, Condorcet, Chamfort, Danton, Dom Gerle, Rabaut-Saint-Étienne, Pétion [2]. »

Faut-il en conclure que tout ce monde-là, qui a fait la Révolution, se moquait du peuple ?... Cela te

---

[1] L'initiation maçonnique de Voltaire ayant eu lieu le 7 avril 1778, soit à une époque où l'écrivain était âgé de quatre-vingt-quatre ans, c'est bien l'ensemble de son œuvre et de ses doctrines, dont nous donnons plus haut quelques échantillons instructifs pour ce qui concerne son amour des humbles, que la franc-maçonnerie consacrait comme sien par les égards spéciaux dont fut, dès sa réception, entouré le nouveau frère.

[2] Louis BLANC, *Histoire de la Révolution* (t. II ; p. 84).

regarde, ami lecteur, c'est ton affaire et non la nôtre. Quant à la question de savoir si la franc-maçonnerie a eu dans la Révolution un rôle important, nous croyons que personne n'en doute à l'heure qu'il est. Ce que par la suite nous verrons de la secte, de son intolérance, de son esprit doctrinaire et dominateur, ne peut manquer de souligner l'analogie de l'esprit maçonnique et de l'esprit jacobin. Les francs-maçons parleront de liberté et ils organiseront l'oppression, ils parleront d'indépendance et ils chercheront la domination. Ils signaleront à grands cris le danger du cléricalisme et si, comme ils affectent de le prétendre, il faut par là entendre le désir de domination au profit d'une secte ou d'une doctrine, ils se montreront, parmi tous les exemples que peut enregistrer l'histoire, les plus implacables et les mieux caractérisés des cléricaux [1].

[1] Cette analogie entre la doctrine jacobine (la liberté quand nous sommes dans l'opposition, la tyrannie quand nous sommes au pouvoir) et la doctrine maçonnique est particulièrement nette dans le document suivant : « Sans doute, quand la liberté est opprimée sous le régime du sabre, qu'il soit tenu par un César d'aventure ou par un de ses lieutenants, c'est chez nous, c'est dans le sein de la maçonnerie, que l'idée libérale vient se réfugier. C'est alors que nous sommes chez des hommes du peuple, suivant la belle expression de M. Edmond About, le véritable conservatoire des conquêtes de la Révolution. Mais, quand tous les hommes qui ont fait notre éduca-

Voici, du reste, quelques citations suggestives
empruntées à Louis Blanc (*Histoire de la Révolution*).
A propos de l'illuminisme, une des formes de la franc-
maçonnerie, il écrit : « Soumettre à une volonté et
animer d'un même souffle des milliers d'hommes
pris dans chaque contrée du monde, mais d'abord en
Allemagne et en France ; faire de ces hommes, au
moyen d'une éducation lente et graduée, des êtres
entièrement nouveaux, les rendre obéissants jusqu'au
délire, jusqu'à la mort, à des chefs invisibles et ignorés (remarquez que ce ne sont pas des membres
de la société de Jésus qu'il s'agit de rendre *obéissants, jusqu'au délire*, jusqu'à la mort, — *perinde ac
cadaver*, — *à des chefs ignorés*) ; avec une légion pareille peser secrètement sur les cours, envelopper les
souverains, diriger à leur insu les gouvernements et
mener l'Europe à ce point que toute superstition fût
anéantie, toute monarchie abattue, tout privilège de
naissance déclaré injuste, le droit même de propriété

tion politique tiennent la tête du pouvoir, notre devoir est de
leur rappeler de bas en haut, du simple conseiller communal
au Parlement, que les principes maçonniques sont *les seuls*
qui doivent diriger un véritable frère aussi bien dans la vie
civile et politique qu'au milieu de nos modestes ateliers »
(*Chaîne d'Union*, 1882 ; p. 90-91). Nous jugerons par la suite
du libéralisme de ces principes maçonniques, qui, *seuls*, vous
entendez bien, seuls « doivent diriger un véritable frère ».

aboli, tel fut le plan gigantesque du fondateur de l'illuminisme. Weishaupt n'hésite pas... ; son principe fut que, pour atteindre à de nobles résultats, les bons devaient recourir aux procédés dont les méchants se servent pour acquérir un empire funeste[1]. Il fit à la nature humaine cette injure de croire qu'on ne la pouvait affranchir qu'en la trompant, et, manquant de respect à la vérité dont il poursuivait le triomphe, il mit la ruse au nombre des chances du succès. « Tout engagement secret, disait-il, est une source d'enthousiasme, il est inutile d'en rechercher les causes ; le fait existe, cela suffit[2]. Weishaupt avait à peine vingt-huit ans, lorsqu'en 1776 il jeta les bases de l'*illuminisme*[3]. » Mais laissons parler l'historien jacobin de la Révolution française :

« Il importe d'introduire le lecteur dans la mine creusaient alors sous les trônes, sous les autels, que des révolutionnaires bien autrement profonds et agissants que les encyclopédistes.

« Une association composée d'hommes de tous

---

[1] ROBISON, *Preuves de conspiration contre toutes les religions et tous les gouvernements de l'Europe* (t. I, p. 144).

[2] *Exposition du plan de Weishaupt dans la collection des papiers découverts à Landshut et au château de Sandersdorf, en 1786 et 1787, et publiés par l'ordre de l'électeur de Bavière.*

[3] Louis BLANC, *loc. cit.*, p. 85.

pays, de toute religion, de tout rang, liés entre eux
par des conventions symboliques, engagés sous la
foi du serment à garder d'une manière inviolable le
secret de leur existence intérieure, soumis à des
épreuves lugubres, s'occupant de fantastiques cérémonies, mais pratiquant d'ailleurs la bienfaisance
et se tenant pour égaux, bien que répartis en trois
classes : *apprentis*, *compagnons* et *maîtres* ; c'est en
cela que consiste la franc-maçonnerie, mystique institution, que les uns rattachent aux anciennes initiations d'Égypte, et que les autres font descendre
d'une confrérie d'architectes déjà formée au iiie siècle.

« Or, à la veille de la Révolution française, la
franc-maçonnerie se trouvait avoir pris un développement immense. Répandue dans l'Europe entière,
elle secondait le génie méditatif de l'Allemagne,
agitait sourdement la France, et présentait partout
l'image d'une société fondée sur des principes contraires à ceux de la société civile... Par le discours
de l'orateur, le récipiendaire apprenait que le but de
la franc-maçonnerie était d'effacer les distinctions de
couleur, de rang, de patrie, d'anéantir le fanatisme...
Croire en Dieu était l'unique devoir du récipiendaire [1].

[1] Obligation supprimée depuis, à la suite du convent de 1885.

« Il est vrai que les institutions maçonniques por-
taient soumission aux lois, observation des formes
et des usages admis par la société du dehors, respect aux souverains. Il est vrai encore que, réunis à
table, les maçons buvaient au roi dans les États
monarchiques, et au magistrat suprême dans les
républiques. Mais de semblables réserves, comman-
dées à la prudence d'une association que menaçaient
tant de gouvernements ombrageux, ne suffisaient
pas pour annuler les influences naturellement révolutionnaires, quoique généralement pacifiques de
la franc-maçonnerie. Ceux qui en faisaient partie
continuaient bien à être, dans la société profane, riches ou pauvres, nobles ou plébéiens ; mais
au sein des loges, temples ouverts à la pratique
d'une vie supérieure, riches, pauvres, nobles, plébéiens, devaient se reconnaître égaux et s'appeler
frères. C'était une dénonciation indirecte, réelle
pourtant et continue, des iniquités, des misères de
l'ordre social ; c'était une propagande en action, une
prédication vivante.

« D'un autre côté, l'ombre, le mystère, un serment terrible à prononcer, un secret à apprendre,
pour prix de mainte sinistre épreuve courageuse-
ment subie, un secret à garder, sous peine d'être

voué à l'exécration et à la mort, des signes particuliers auxquels les frères se reconnaissaient aux deux bouts de la terre, des cérémonies qui se rapportaient à une histoire de meurtre et semblaient couvrir des idées de vengeance, quoi de plus propre à former des conspirateurs? Et comment une pareille institution, aux approches de la crise voulue par la société du travail, n'aurait-elle pas fourni des armes à l'audace calculée des sectaires, au génie de la liberté prudente?

« On sait sur quel récit allégorique repose, comme sur une base sacrée, toute la franc-maçonnerie :

« Adoniram avait été chargé par Salomon de diriger les travaux de construction du temple de Jérusalem. Les ouvriers étaient au nombre de trois mille. Pour ne pas confondre dans la distribution des salaires, Adoniram les divisa en trois classes : apprentis, compagnons et maîtres. On se distingua et on se reconnut au moyen de mots, de signes, d'attouchements qui devaient rester secrets. Or, trois compagnons voulant avoir la parole de maître, résolurent d'en arracher la révélation à Adoniram ou de l'assassiner. Ils se cachent dans le temple et se postent aux différentes portes. Adoniram s'étant présenté à celle du Midi, le premier lui demande la *parole du maître* et, sur son refus, le frappe violemment à la tête d'une règle dont il est armé. Adoniram s'enfuit à la porte de l'Occident, où le second compagnon le frappe au cœur d'un coup d'équerre.

« Recueillant ses forces, il essaie de se sauver par la porte d'Orient ; mais le troisième compagnon l'arrête et, ne pouvant obtenir de lui la parole, l'étend mort d'un coup de maillet... Quel était ce martyr dont il s'agissait de poursuivre la vengeance ? Quelle était cette parole sointe qu'il fallait reconquérir ?

« Lorsque, chassés de leur pays par la révolution de 1688, les Jacobites étaient venus chercher un asile en France [1], où ils apportèrent les règles de la franc-maçonnerie, ils n'avaient pas manqué d'en interpréter les symboles au gré de leurs passions et de leurs espérances. Dans plusieurs des loges dont lord Devent-Water nous avait fourni le modèle, dans le *Chapitre d'Écosse jacobite* que Charles-Édouard Stuart fonda lui-même à Arras, sous la présidence du père de Robespierre, Adoniram c'était Charles Ier ; Cromwell et les siens représentaient les assassins de l'Architecte martyr ; la parole perdue, c'était *royauté...*

---

[1] ROBISON, *Preuves de conspirations contre toutes les religions et tous les gouvernements* (t. I, p. 34 ; Londres, 1799).

« Les choses symboliques se plient aux interpré-
tations les plus diverses...

« Bientôt se produisirent des innovations d'un caractère redoutable. Comme les trois grades de la maçonnerie ordinaire comprenaient un grand nombre
d'hommes opposés par état et par principes à tout
projet de subversion sociale, les novateurs multi-
plièrent les degrés de l'échelle mystique à gravir ;
ils créèrent des arrières-loges réservées aux âmes
ardentes..., sanctuaires ténébreux dont les portes
ne s'ouvraient à l'adepte qu'après une longue série
d'épreuves, calculées de manière à constater les progrès de son éducation révolutionnaire, à éprouver la
constance de sa foi, à essayer la trempe de son
cœur...

« C'est aux écoles souterraines dans lesquelles
avaient lieu de pareils enseignements que Condorcet
fait allusion lorsque, annonçant cette *Histoire des
Progrès de l'esprit humain* qu'interrompit sa mort,
il se promettait de dire quels coups l'idolâtrie mo-
narchique et la superstition avaient reçus des sociétés secrètes [1]... » Ce n'est pas le Pape, c'est Louis
Blanc qui nous dépeint une société secrète poursui-

---

[1] Louis BLANC, *Histoire de la Révolution* (t. II, p. 75 à 82).

vant la ruine de l'ordre établi, faisant bonne mine au roi dans les royaumes, au magistrat suprême dans les républiques, ne montrant aux puissants protecteurs auxquels « l'existence des hauts grades était soigneusement dérobée » que « ce qu'on leur en pouvait montrer sans péril. Ils n'avaient point à s'en inquiéter, retenus qu'ils étaient dans les grades inférieurs, où le fond des doctrines ne perçait que confusément à travers l'allégorie, et où beaucoup ne voyaient qu'une occasion de divertissement, que des banquets joyeux, que des principes laissés et repris au seuil des loges, et, en un mot, qu'une comédie de l'égalité» — toute la maçonnerie est là. — « Mais, en ces matières, la comédie touche au drame[1].»

« Ce fut dans la loge des *Amis-Réunis* que Mirabeau et Bonneville introduisirent les illuminés allemands ; l'alliance la plus étroite fut conclue, et un convent général des maçons de France et de l'Étranger fut convoqué par le comité secret, sous le nom des *philalèthes, supérieurs réguliers des très vénérables loges des Amis-Réunis*, à l'Orient de Paris, pour le 15 février 1785.

« Nous ne croyons pas, nous n'espérons même

---

[1] *Ibid.* (p. 82-83).

pas, disait entre autres choses la circulaire de convocation, que les articles spécifiés dans ce projet
soient l'objet unique et exclusif des travaux du futur
Congrès. Il y en a d'autres plus importants que la
prudence nous défend de confier au papier et moins
encore à l'impression ; nous doutons même qu'il soit
possible de les traiter avantageusement en plein convent. *Peut-être serait-il plus avantageux de les déve-
lopper en secret, et pièces en mains, dans des comités
spéciaux composés de délégués que leurs opinions,
leurs travaux et leurs grades recommandent particulièrement.* Ces comités informeraient l'assemblée
générale du résultat de leurs travaux et des fruits
de leurs investigations, autant qu'ils le pourraient
sans s'exposer à être parjures. Il est probable que la
discussion des articles proposés fera surgir de nouvelles questions *qu'il est impossible de préciser ici.*
N'oublions pas que le but essentiel de ce convent
étant, d'une part, la destruction des erreurs et, de
l'autre, la découverte de *vérités maçonniques ou inti-
mement liées à la maçonnerie,* notre premier devoir
à tous doit être de nous munir de tout ce qui paraît
devoir contribuer à l'un ou à l'autre de ces buts [1]. »

---

[1] Voir *Les Sociétés secrètes et la Société,* par N. Deschamps
(t. II, p. 120-121).

Est-il niable, nous le demandons à tout homme de bonne foi, que la maçonnerie poursuivait dès cette époque un but politique et social ?

Est-il niable qu'une hiérarchie compliquée sélectionnait avec soin les affiliés pour ne les initier que progressivement et faire, avec art et méthode, le départ des gogos et des roublards ?

Jusqu'où s'étendit l'influence des loges ? Selon toute probabilité, jusqu'à décréter dès 1786 la mort de Louis XVI et celle de Gustave III de Suède, puis la Terreur [1], comme elle poussa plus tard à la destruction du pouvoir temporel du Pape et à l'établissement en France de la dictature napoléonienne, à la guerre de Crimée, à la guerre d'Italie et à la constitution de l'unité italienne [2].

---

[1] N. DESCHAMPS, *loc. cit.* (p. 131 à 154).
[2] *Ibid.* (p. 315 et suivantes).

IV

POLITIQUE SCOLAIRE, CONCENTRATION RÉPUBLICAINE, ÉVOLUTION SOCIALISTE

L'étude reste à faire, pleine d'intérêt et de difficultés, de ce rôle de la maçonnerie dans les événements du siècle qui finit. Habile dans la pratique, autant que violente dans la doctrine, la secte n'est pas toujours facile à prendre en flagrant délit, la main dans le sac; mais son action n'est guère douteuse dans les révolutions qui ont secoué les différents États de l'Europe, Belgique, Allemagne, Autriche, Italie, Italie surtout. Peut-être faut-il faire une exception pour la Pologne et pour l'Irlande, où le catholicisme aurait tiré profit des succès de l'insurrection populaire. Mais, nous l'avons dit, après nous être bornés à signaler au passage certaines coïncidences, nous écartons ou ajournons cette étude. Aussi bien le lecteur nous saura gré, à coup sûr, d'envisager le plus tôt possible les événements présents.

Que la franc-maçonnerie ait, pour ainsi dire de tout temps, travaillé en France à l'établissement de la République, le fait ne nous semble guère contestable. Nous dirons ce qu'il faut penser de cette foi ou de cet expédient politique, mais nous ne nions pas un fait qui ne nous paraît pas niable. Aussi son histoire immédiatement contemporaine prend-elle un intérêt tout nouveau à dater du jour où, par le jeu naturel et spontané du mépris public, comme tombe un fruit blet par le jeu naturel des actions ambiantes, croula plutôt que ne fut renversé le régime de l'ancien carbonaro, qui, semi-renégat après avoir été semi-complice, avait, du sang français, écrit la page de Mentana après celle de Solférino.

Lorsqu'à Sedan le neveu de Napoléon eut rendu au fils de la reine Louise l'épée d'Iéna, ce fut sous l'influence d'une sorte d'instinct et comme pour obéir à une impulsion naturelle que le peuple de Paris proclama la République. Mais qui oserait affirmer qu'aucune arrière-pensée n'a hanté en ce jour les cervelles maçonniques de fait ou de tendance, les esprits des maçons du jour ou des maçons du len-

demain ? Pour ceux qu'obsède l'idée fixe du triomphe
de la secte, pour ces jacobins que nous verrons marcher sans relâche, les yeux fixés vers le rêve dont la
réalisation ne connaît ni les droits de la conscience
ni la notion de la liberté, quelle tentation! La lutte,
c'était au moins la gloire, la victoire peut-être; et la
victoire, c'était le pouvoir, c'était le but atteint,
puisque c'était pour longtemps la domination ! La
domination ! que ne sommes-nous jacobin une mi-
nute pour comprendre ce mot et en savourer la
douceur ! Et c'est pourquoi, si notre cœur de Français et nos souvenirs personnels orientent nos sym-
pathies vers ceux qui, au lendemain de Cannes, ne
désespérèrent pas de la République, nous ne pouvons nous empêcher de demander, si c'est par pur
hasard, à un moment où tout devait concourir à
l'union de tous les Français devant l'ennemi foulant
notre sol, que des décrets frappaient de suspicion
une catégorie de citoyens, tandis que d'autres allu-
maient la guerre en Algérie au nom de la liberté de
conscience, — réclame chère aux .·. contre la liberté
de conscience elle-même ; — si c'est par pur hasard
que les proclamations du dictateur associaient avec
persistance au nom de la patrie, toujours bien-aimée,
à sauver, celui de la République, alors suspecte, à

acclimater ; si c'est par hasard que, passant d'abord par Rome, les Garibaldiens venaient mêler leurs chemises rouges à nos uniformes français au lendemain de la politique de Cavour et à l'avant-veille de la politique de Crispi ?

Quoi qu'il en soit, les événements travaillaient pour la République. Les incertitudes et les divisions des partis monarchiques, les échecs de fusion entre les deux branches de la famille royale, la mort de Napoléon III que, peu d'années après, devait suivre celle de son fils, contribuaient autant que l'habile tactique des républicains et l'inénarrable maladresse de leurs adversaires à consolider en France la nouvelle forme de gouvernement. Puisque la franc-maçonnerie estime que la République n'est autre chose que sa visible enveloppe, il n'est que logique de lui attribuer les cadres fournis à l'armée qui entreprenait de conquérir la France à la pratique des idées nouvelles. Cet apostolat commença d'ailleurs par l'annonce de la pratique des plus pures vertus républicaines. Malgré la politique des hommes qui avaient fait le 24 Mai, malgré la suspicion où la grande majorité des conservateurs et des catholiques notamment tenait visiblement le mouvement conduit par les républicains, tout s'efforçait d'être miel de

leur part ; n'est-ce pas, en 1874, M. Brisson qui
disait encore : « Ma première observation, c'est que,
ni de ma part, ni, j'en suis convaincu, de la part
d'aucun des membres qui siègent sur les mêmes bancs
que moi, ne s'élèvera la prétention de faire revivre des
lois répressives de la liberté des associations religieuses (*Approbation générale*)... Nous nous présen-
tons ici pour réclamer l'égalité entre toutes les
associations, mais l'égalité dans la liberté. »

L'égalité dans la liberté, c'est aujourd'hui le programme commun à un certain nombre de groupes
dont font partie la majorité des catholiques ; nous
verrons dans un chapitre suivant ce qu'il faut penser
de l'opinion que professent à cet endroit les libéraux
amis du président de la dernière Chambre.

Mais une République comme celle des Thiers,
des Dufaure, des de Marcère, voire même des Jules
Simon, ne fournissait pas à la maçonnerie un champ
d'action en rapport avec l'ampleur de ses aspirations.
Celle-ci étouffait dans le cadre étroit où les événements l'enserraient ; libérer le territoire, rétablir les
finances, relever la confiance, reconstituer l'armée,
élargir l'instruction, devaient lui sembler de peu
d'intérêt, s'il faut en croire le changement radical
que les événements de l'année 1877 amenèrent dans

ses allures et dans son activité. Au développement du microbe maçonnique, il fallait un milieu favorable. La maladroite équipée du 16 Mai vint fournir le plus merveilleux des bouillons de culture.

Dès le lendemain du 14 octobre, il était facile de persuader à ce peuple, avant tout jaloux de conserver la forme républicaine, que c'était à sa perte qu'étaient attelées toutes les forces combinées de la réaction politique et de la réaction cléricale; que contre l'ennemi, le cléricalisme, toutes les mesures étaient bonnes à prendre, toutes les armes bonnes à forger, au besoin toutes les concessions à faire pour assurer la défense de la République toujours menacée. De là, la politique scolaire, de là la concentration républicaine.

*
* *

La méthode maçonnique, nous le constaterons cent fois pour une, consiste à étudier dans les loges les questions les mieux aptes à servir les vues de la secte. Un projet « s'élabore [1] » en loge; il est patiem-

---

[1] En dehors des preuves constantes apportées par les faits, nous trouvons fréquemment le mot lui-même dans une brochure dont le titre, un peu long, ne manque pas d'être par ailleurs fort suggestif : *Nécessité de refaire à l'image de*

ment mis au point et, quand l'occasion favorable se présente, les maçons membres du Parlement sont mis en demeure de donner force de loi aux désidérata de leurs frères. La méthode est simple. Je ne sais si l'on peut proposer un plus frappant exemple de la ténacité, de la duplicité et du cynisme maçonniques que celui que présente l'histoire de la *Ligue de l'enseignement*, fille du « cœur et de l'esprit » du célèbre F∴ Jean Macé.

La Ligue remonte aux dernières années de l'Empire.

Dans un article de son fondateur, en date du 15 novembre 1866, article qu'il faut, nous dit un de ses admirateurs, « considérer comme un véritable manifeste de fondation de la Ligue [1], » il concluait ainsi :

« Je fais appel à tous ceux qui conçoivent la ligue future comme un terrain neutre, *politiquement et religieusement parlant*, et qui placent assez haut la

---

l'unité maç∴ l'unité du parti républicain et d'emprunter à la doctrine maç∴ des idées directrices qui permettront de grouper pour une action commune les éléments du parti républicain. Nous aurons par ailleurs l'occasion de reparler de cette brochure.

[1] *Jean Macé et la fondation de la Ligue de l'Enseignement,* par A. Dessoye (p. 51).

question de l'enseignement populaire, dans le sens strict du mot, pour accepter de la servir toute seule sur ce terrain-là, abstraction faite du reste. Ce ne serait pas la peine d'essayer, si l'on voulait faire autre chose. »

Et, « immédiatement furent mises en circulation des listes d'adhésion à la formule suivante :

« Les soussignés, désireux de contribuer personnellement au développement de l'instruction dans leur pays, déclarent adhérer au projet d'établissement en France d'une Ligue de l'Enseignement, au sein de laquelle il demeure entendu qu'on ne servira les intérêts particuliers *d'aucune opinion religieuse ou politique.* »

Juste un mois après, par une lettre reproduite dans le premier *Bulletin* qu'il fit paraître [1], Jean Macé démentait, à mots maçonniquement couverts, son programme libéral : « Maintenant, cette Ligue une fois constituée, une fois organisée, que fera-t-elle ? Elle fera ce qu'elle voudra.

« Je suppose les hommes qui la composent assez grands garçons pour que je ne me fatigue pas en ce moment la tête à le trouver pour eux [2]. »

---

[1] 15 décembre 1866.
[2] *Jean Macé et la fondation de la Ligue de l'Enseignement,* par A. DESSOYE (p. 58).

Et, de fait, sûr de son petit état-major maçonnique, il pouvait s'éviter cette fatigue. Mais, diront les scrupuleux, la preuve, s'il vous plaît, qu'il avait une arrière-pensée et n'était pas sincère ? La preuve ? C'est Jean Macé qui la donne avec une désinvolture charmante, et la voici : « Je savais très bien, en appelant à moi les citoyens désireux de coopérer personnellement au développement de l'instruction dans le pays sans servir aucune opinion religieuse ou politique, je savais très bien que je préparais la République[1]. » (*Approbation.*)

Peint par lui-même, n'est-ce pas ?

Du reste, après 1870, aussitôt un peu d'ordre remis dans les affaires françaises, « mieux que personne » un zélé collaborateur comprit que, dans ce grand désarroi de toutes choses, il était nécessaire, pour redonner à la Ligue sa force et sa vitalité perdues, de s'appuyer non seulement « sur une aspiration générale, comme le besoin d'instruction, mais sur une idée nette, précise, dont l'application immédiatement possible frappât les esprits. En était-il une meilleure que celle, souvent exprimée dans notre pays, de l'obli-

---

[1] *Congrès de la Ligue de l'Enseignement à Lille.* Discours d'ouverture de Jean Macé (*Bulletin de la Ligue*, juin-août 1885; p. 195).

gation de l'instruction ? L'heure était propice pour la reprendre. Combien de fois n'avait-on pas répété : « ... Nous sommes les vaincus de l'instituteur alle- mand [1]. » Vous suivez les étapes ? *Une aspiration générale, comme le besoin d'instruction*, réclame bonne enfant à l'usage des gogos ; mais les initiés, au courant des dessous, attendent l'*heure propice* pour s'appuyer non plus sur l'*aspiration générale* et inof- fensive, mais sur une *idée nette, précise, frappante*, et — je passe la rengaine de l'instituteur allemand — cette idée, c'est... l'*obligation de l'instruction ;* d'obligatoire elle deviendra gratuite ; de gratuite, laïque ; de laïque, maçonnique, et, au lendemain du vote de la loi scolaire, ce sera cette fois sans men- songe, que Jules Ferry pourra associer Jean Macé à la glorieuse paternité de la loi nouvelle. Toute la méthode maçonnique est là. Et de quelque audace, de quelque cynisme que se montre empreinte une pareille déclaration, lorsque l'on sait à quel point la maçonnerie ment à son fallacieux programme sur le respect de la liberté de conscience, c'est sans mentir lui aussi, cette fois, que Jean Macé put jeter à la face de la France loyale et libérale cette honteuse bravade :

---

[1] *Jean Macé et la fondation de la Ligue de l'Enseignement,* par A. DESSOYE (p. 97).

« Oui, ce que nous faisons est une *œuvre maçon-nique*. Non, personne ici ne voudra y renoncer à cause de cela. (*Marques d'approbation*.) Qu'importe à ceux d'entre nous qui n'en font pas partie, ce qui s'y passe (dans les loges) à huis clos, puisque ce qui se passe chez nous à ciel ouvert est conforme à la loi qu'elles reconnaissent? (*Nouveaux applaudisse-ments*.) La Ligue est une *maçonnerie extérieure*. Je l'ai dit cent fois dans les loges, d'un bout de la France à l'autre [1]. »

On conçoit que ce n'est plus à partir de 1885, sous des ministres comme les FF.·. Ferry ou Floquet qu'il y avait lieu de remettre le masque. Le F.·. Jean Macé voyait, comme il l'a dit lui-même, la Ligue siéger au Sénat en sa personne ; sa soi-disant neutralité religieuse pouvait s'affirmer sans gêne et sans contrainte, et c'était désormais faire œuvre de bon ligueur en même temps que de bon maçon que de rappeler en toute circonstance la parfaite confor-mité de nature entre la Ligue et la maçonnerie. Avec plus de précision et de cynisme que jamais, on pouvait proclamer qu'il s'agissait moins de com-

---

[1] *Congrès de la Ligue à Lille*, séance de clôture. — Discours de Jean Macé (*Bulletin de la Ligue*, juin-août 1885 ; p. 331).

battre l'ignorance du peuple que de discréditer la religion romaine [1].

Ce serait mal connaître encore les procédés des francs-maçons que de supposer une localisation à l'action de leurs œuvres. On a souvent parlé d'ingérence cléricale ; si clérical est, comme nous l'avons défini, synonyme d'abusif, c'est à chaque pas que surgit l'ingérence cléricale autour de l'encombrante propagande des loges, mais le patriotisme bruyant de Jean Macé n'a cure de ces critiques. Comme l'armée est encombrée des élèves des Jésuites, n'est-ce pas à la franc-maçonnerie, du moins à ceux des francs-maçons qui professent sur la patrie la moins compromettante des opinions examinées plus loin, à prendre en main la cause de la défense nationale ? Le F.·. Jean Macé est-il revenu de son optimisme de 1867 [2], ou bien, plus vraisemblablement, s'agit-il d'administrer à l'armée quelque antidote maçonnique contre l'empoisonnement jésuitique quotidien [3] ? Quoi qu'il en

[1] Le danger est moins dans l'ignorance du peuple que dans l'indifférence des autres. Oui, on oublie trop ici qu'il y a un Gesù à Rome... (Par. de J. MACÉ, *Bul. de la Ligue*, 1894 ; p. 289).

[2] Avoir sur ses frontières une nation compacte de quarante millions d'hommes, cela n'a rien qui nous effraye.

[3] Mais avoir chez soi dans les villes, dans les villages, et jusque dans le dernier hameau de France, un corps organisé de plus de cent mille hommes, exerçant des fonctions respec-

soit, de l'école au régiment, la Ligue entend former le soldat et préparer le citoyen. Il est entendu aujourd'hui qu'on réunira les jeunes gens le dimanche matin ; on leur apprendra l'exercice et on affermira leurs « solides principes » ; conformément à la notion maçonnique de la liberté, on demandera une loi qui rende obligatoire cet enseignement nouveau ; conformément à la notion maçonnique du servilisme parlementaire, les députés maçons feront cette loi et, si cela ne sert à rien, cela empêchera du moins les jeunes gens d'aller aux patronages confessionnels et ils prendront l'habitude de manquer régulièrement la messe. M. Léon Bourgeois a bien voulu prêter à cette idée le concours de son libéralisme bien connu.

« Après le vote des lois scolaires, il avait semblé à quelques-uns que la tâche de la Ligue de l'Enseignement était accomplie. « C'était, ajoutait-il, la

tées, possédant la confiance des familles, présidant à l'éducation des enfants, tenant dans ses mains et sous sa direction la moitié de la génération présente, peuplant de ses élèves les écoles supérieures, l'armée, la marine, et occupé sans relâche tous les jours et sous toutes les formes, à présenter à la jeunesse un idéal de civilisation contraire à la nôtre, un type de gouvernement plus ou moins semblable à celui qui désole et abrutit les États romains, mêlant et faisant passer les aphorismes d'une politique impossible sous le couvert de la morale évangélique : c'est là un empoisonnement continu, quotidien à petites doses, auquel aucun peuple n'est en état de résister longtemps (*Opinion nationale*, du 21 mars 1867 ; art. de J. MACÉ).

connaître mal. » Puis il citait le texte de l'appel
qu'elle avait officiellement adressé à ses membres
quelques mois plus tôt et qui débutait par un aveu
dénué d'artifice. D'après cet aveu, « la Ligue de
l'enseignement, fondée avant l'avènement même de
la République, pour préparer et assurer l'éducation
républicaine du pays, avait provoqué un grand mouvement d'opinions » qui avait abouti au vote des
lois scolaires [1]. « Aujourd'hui, partageant les légitimes anxiétés de tous les bons Français », la Ligue
voudrait, de l'école jusqu'à l'entrée au régiment,
assurer à l'adulte les connaissances acquises pendant l'enfance, diriger leur perfectionnement dans le
sens professionnel, enfin munir le jeune homme,
trop tôt livré à lui-même, des solides principes (nous
savons lesquels) qui sont indispensables aux ci-

---

[1] Le pape et le clergé catholique ont accusé la franc-
maçonnerie de la révolution qui s'est accomplie dans les
idées et dans le système scolaire de ce pays. Il m'a toujours
paru qu'il y avait là une méprise et comme un reste de superstition à l'endroit du rôle qu'on prêtait jadis aux sociétés
secrètes. Les sociétés secrètes n'ont plus un grand rôle à
jouer dans une démocratie. Tout s'y fait et tout doit s'y
faire au grand jour, pour avoir quelque efficacité. L'Eglise se
serait moins trompée si elle avait rendu *responsable la
Ligue de l'enseignement des lois scolaires sur l'obligation, la
gratuité et la laïcité*, qu'elle a si violemment combattues.
(*Bulletin de la Ligue*, 1884; p. 488-489).

tóyens d'une démocratie. » (Discours de M. Léon
Bourgeois au Congrès de la Ligue, à Nantes, 1894;
Bulletin de la Ligue, 1894; p. 257.)

C'est donc aux œuvres de jeunesse, aux œuvres
qui s'adressent au jeune homme entre l'école et le
régiment, que vont s'adresser les efforts de la franc-
maçonnerie. « Tout le travail qui s'est fait depuis lors
dans la Ligue, dit l'orateur, a eu le même objet, et
l'on ne saurait croire quels rapides progrès ont été
accomplis dans ce sens par le ministère Bourgeois-
Combes. Comme l'a justement dit le *Bulletin mensuel*,
« le XIVe Congrès fera époque dans l'histoire de la
Ligue », et il n'ajoute pas avec moins de fonde-
ment : « Après avoir obtenu l'instruction laïque,
gratuite et obligatoire, la Ligue s'occupe désormais
des enfants depuis leur sortie de l'école jusqu'à leur
entrée au régiment... M. Buisson, au nom de M. le
Ministre de l'Instruction publique, a affirmé que le
Gouvernement était avec la Ligue de l'enseignement
et encouragerait son action. C'est là une déclaration
d'une portée considérable. Il faut donc maintenant
marcher résolument en avant [1]. » (*Bulletin de la
Ligue*, 1894; p. 419.)

---

[1] *Le passé et le présent de la Ligue de l'enseignement*, par
Félix KLEIN (*Correspondant*, 10 août 1897).

· Avis aux hommes de liberté dont la libre pensée ou la pensée libre ne prend pas, dans les loges, le mot d'ordre directeur de la conduite quotidienne[1] ; Bourgeois, Combes, Buisson, ces noms suffisent pour savoir dans quel esprit seront dirigés les efforts

[1] « La maçonnerie ne pouvait pas ne pas reconnaître une sœur dans la Ligue, et c'est bien aussi ce qui est arrivé... J'en conviendrais volontiers avec les adversaires de la Ligue ; ils ont eu bien raison de crier à la franc-maçonnerie en voyant son programme. Si celui qui l'a dressé n'avait pas été maçon, il avait tout ce qu'il fallait pour le devenir, et ceux qui ont accepté ce programme, qui se sont mis à l'œuvre pour le réaliser, sans être des nôtres, ceux-là ont aussi tout ce qu'il faut pour en être.

« L'alliance que j'invoque ici est donc une alliance toute faite, si je puis m'expliquer ainsi, et je me trouverais au milieu de vous pour la première fois, mes yeux ne rencontreraient dans cette salle que des visages inconnus, je saurais déjà quel accueil des maçons vont faire aux trois santés que j'ai à vous proposer :

« A l'entrée de tous les maçons dans la Ligue !

« Puissent-ils comprendre tous que c'est leur œuvre qui se fait là, qu'elle ne doit pas, qu'elle ne peut pas se faire sans eux, et que ce serait de leur part une désertion.

« A l'entrée de tous les ligueurs dans la maçonnerie ! Puissent-ils tous comprendre aussi, comme je l'ai compris moi-même, que là sont leurs soutiens naturels, que c'est là qu'il faut aller pour être certain d'avance de rencontrer des hommes toujours prêts à se lever quand il se fait un appel au nom de la fraternité et du progrès, et qu'en leur apportant une force de plus, ils en trouveront une eux-mêmes auprès d'eux qui décuplera leurs actions.

« Au triomphe de la lumière, le mot d'ordre commun de la Ligue et de la maçonnerie ! » (*Toast de Jean Macé au banquet de la fête d'hiver de la loge « les Frères Réunis », de Strasbourg.*)

destinés à atteindre la jeunesse au sortir de l'école.

On n'en finirait pas avec la Ligue de l'Enseignement : c'est un fécond terrain d'inépuisables récoltes. Mais nous croyons en avoir dit assez pour édifier le lecteur sur la nature, le but et la méthode des ligueurs, et nous laisserons ce sujet, quand nous aurons, dans le passé, dans le présent et dans l'avenir, imposé aux hommes de liberté la part de responsabilité qui leur revient dans de semblables épanouissements de l'esprit jacobin. A défaut de l'observation, suffisante pour guider une clairvoyance même grossière, les avertissements prophétiques n'avaient pas manqué ni de la part de perspicaces veilleurs [1], ni de la part des jacobins sectaires, dès qu'ils se virent démasqués.

Il convient donc de faire bien large la part de l'incapacité dont parle dans les lignes suivantes un

---

[1] Sous le couvert d'un but excellent, — et c'est là le grand danger, parce que c'est ce qui fait illusion — sous prétexte de propager l'instruction et de faire la guerre à l'ignorance, on propage l'incrédulité, on fait la guerre à la religion, et on prépare bon gré, mal gré, la ruine de tout ordre moral et social. Et nous, qui voulons, autant et plus que qui que ce soit, l'instruction des enfants, l'instruction des femmes, l'instruction du peuple, car c'est là une œuvre éminemment chrétienne, nous sommes accusés de nous opposer au progrès de l'instruction, parce que nous luttons contre l'enseignement antichrétien et antisocial. Certes, s'il ne s'agissait que de répandre

auteur que nous avons déjà cité : « Si la franc-maçonnerie est la plus puissante et, à vrai dire, la seule irré-
conciliable des forces opposées au christianisme, » —
on peut ajouter : et à la liberté, — « la Ligue de
l'enseignement est, du moins en France, l'œuvre par
excellence de la franc-maçonnerie et le plus efficace de
ses moyens d'action. Dans la mesure où nos défaites
ne viennent pas de notre propre incapacité (et je
croirais volontiers qu'elles en viennent pour la plus
grande part), c'est à la Ligue de l'Enseignement
qu'on a le droit de les attribuer [1]. »

l'instruction, avec toutes les garanties nécessaires d'un enseignement utile aux âmes, je n'aurais rien à dire. Mais le but
des meneurs est tout autre, et ils le proclament eux-mêmes.
Ils sont francs-maçons, et les honnêtes catholiques qui, trom-
pés par l'enseigne, ont inscrit leurs noms parmi les adhérents
de cette Ligue de l'Enseignement, participent, sans le savoir, à
une œuvre maçonnique et à l'édification de cette société nouvelle dont la religion doit être bannie (Msr Dupanloup, évêque
d'Orléans). Voir aussi le mandement de Msr Dupont des Loges,
évêque de Metz (*Le passé et le présent de la Ligue de l'Enseignement*, par Félix KLEIN; *Correspondant* du 10 août 1897).

[1] *Ibid.* (*Correspondant* du 10 août 1897; p. 459).

*
* *

Lorsque, au lendemain même du 16 Mai, l'homme
néfaste de l'article 7 proposait à la Chambre les mesures d'arbitraire et de haine qui devaient amener
les décrets d'expulsion des communautés religieuses,
un des 363 — le seul parmi eux — se présenta à la
tribune pour combattre ces mesures. Capable de
trouver dans l'exacte notion de la liberté et dans les
ressources d'un caractère supérieurement trempé le
courage de rompre avec des compagnons de lutte
et de victoire et de consommer un sacrifice dont
seul il savait la mesure, M. Étienne Lamy, dans son
éloquent plaidoyer en faveur de la liberté, laissa
tomber ces mots que nous voulons croire prophétiques : « Malheur aux partis que la victoire ne
désarme pas ! »

Certes l'occasion était belle, la situation unique,
au lendemain d'un succès comme le 14 octobre,
pour jeter dans un terrain aussi victorieusement
déblayé les fondements du bel édifice que pouvait
être la République de tout le monde. Mais, désar-
mer après la victoire est le propre des âmes géné-

reuses, et, s'il en est dans la franc-maçonnerie, elles y sont fourvoyées, réduites au silence et condamnées à l'inaction. Du reste, au lendemain d'un heureux coup de main, l'occasion est bonne aussi pour les forbans de rançonner à merci le vaincu tombé en leur pouvoir et de faire, à leur profit, main basse sur tout ce qu'il ne peut plus défendre. M. Lamy, jugeant avec une âme haut placée, croyait être au lendemain d'une victoire. La maçonnerie fit voir qu'il ne s'agissait que de l'exploitation d'un coup du sort. Ce qui avait donné l'illusion d'un grand parti altéré de justice et de liberté se montra, à la lumière de la politique maçonnique, une coterie sans doctrine et sans vergogne, un syndicat d'appétits et de haines, prêts à se ruer, vingt ans durant, à la curée des vengeances et des faveurs. La politique de concentration commençait.

Il faut avouer que le prétexte était entretenu avec soin par les adversaires de la République. Fidèle, lui aussi, à sa politique constante, le parti conservateur semblait chercher, comme programme, la maladresse à faire, et s'assurer avec infatuation le naïf plaisir d'en assurer la complète exécution. Comme, du reste, la grande majorité des catholiques marchaient à sa remorque, la franc-maçonnerie, qui s'était spécialement attribuée la garde du Capitole, semblait toujours en droit de signaler dans les ressources du « cléricalisme » le principal arsenal des ennemis du nom républicain. Quelle aubaine pour la secte, et comment expliquer de la part de ses adversaires un aussi incurable aveuglement !

Faites au nom de la concentration républicaine contre l'ennemi commun à toutes les fractions du parti républicain de l'époque, les élections de 1881, de 1885, de 1889, furent ce qu'elles devaient être sous l'impulsion de l'état-major haineux qui tenait les fils de l'intrigue politique. C'est toujours à ceux qui menacent, agissent bruyamment et parlent haut, que profitent les associations de modérés et de violents, et la concentration rappelait l'association de ces deux camarades d'études qui avaient résolu d'unir leurs modestes ressources. « Te souviens-tu, disait le premier, rencontrant son ami longtemps après, de l'heureux temps où nous avions tout mis en commun, joies, douleurs, ressources, où nous puisions toujours dans la bourse l'un de l'autre?

« — Comment l'oublierai-je, répondit le second? J'étais toujours l'*autre*. »

Si pendant quinze ans la concentration vécut des concessions que le parti radical et le parti modéré firent aux dépens l'un de l'autre, c'est que, pendant quinze ans, le parti modéré accepta d'être toujours « l'autre ».

Ce fut le bon temps de la curée, de la multiplication des postes nouveaux, du nantissement des neveux et des cousins [1], la période des grands déluges de sinécures variées et de rubans multicolores. Ce fut aussi le bon temps du sans-gêne dans la mise à exécution des projets « élaborés » en loges, ou, mieux, dans la pratique de l'obéissance des députés maçons aux sommations des frères. L'ingérence « cléricale » de cette contrefaçon d'Église où les loges cumulent les fonctions de Chapitre, d'Inquisition, de Tribunal de l'Index, de Congrégation des Rites, s'exerçait sans entraves. La liberté due à la conscience des trois quarts des élèves, des malades, des témoins ou magistrats, était sans poids devant un ordre venu des tenues « d'élaboration », et la conscience des croyants était heurtée de toutes les manières. Ce fut la belle période de la laïcisation, de la suppression des emblèmes du

---

[1] Au Congrès de la Ligue de l'Enseignement de 1884, un pasteur célèbre disait : « Quand nous nous sommes fondés sous l'Empire, notre but était de renverser l'Empire. Pourquoi? il faut bien l'avouer, afin de nous mettre à sa place. »

culte, du rétablissement du divorce, du vote des lois scolaires, militaires, fiscales. La maçonnerie savait qu'elle n'avait rien à craindre d'une opposition dont les arrière-pensées monarchiques écartaient, *a priori*, la confiance du pays. Elle se savait tout permis au nom de la défense de la République, et ne craignait pas d'abuser de la patience d'une foule « prête à suivre en aveugle » les soi-disant défenseurs de la liberté, « pourvu qu'elle en entendît seulement le nom ». C'est sous la législature 1885-1889, à la barbe d'une opposition de plus de deux cents membres, la plus nombreuse et la plus niaisement impuissante depuis l'établissement de la constitution républicaine, que furent votées la plupart des lois oppressives, sorties des officines de la maçonnerie.

Mais voici l'étape des lois scolaires à peu près franchie. Nous sommes en 1884. Le travail « d'élaboration » est à peu près fini, la loi scolaire est prête ou peu s'en faut, la majorité est servile, la loi scolaire sera ce qu'on voudra ; on peut porter ailleurs l'activité maçonnique.

L'Église, l'Église catholique, qui est l'ennemie de première ligne, celle que, bon gré, mal gré, il faudrait d'abord détruire pour entreprendre de régner, ne fût-ce que sur des ruines, peut être attaquée d'une façon plus directe.

La séparation de l'Église et de l'État est une des mesures qui s'imposent à la sollicitude des enfants d'Hiram.

« Nous sommes la lumière, dit modestement l'un d'entre eux, — qui, par ce qui suit, se charge de répondre à qui douterait du travail d'élaboration précédant les mises en demeure adressées aux membres du Parlement, — et nous luttons contre l'obscurité.

« Et ceci est tellement vrai que toutes les grandes lois intervenues depuis vingt ans et qui demain encore interviendront, furent tout d'abord élaborées dans nos ateliers, ont fait et font tout l'objet de nos travaux ; vous citerai-je le divorce, les lois sur les associations, et ces lois à venir qui nous préoccupent tous également, et dont en province, comme à Paris, retentissent les échos de nos temples, la recherche de la paternité, la réforme de l'impôt, la séparation des Églises et de l'État? »

Cette dernière mesure n'est pas de celles qu'on prend à la légère. Il y a à craindre (toujours la bête noire de la franc-maçonnerie), il y a à craindre la liberté. Le catholicisme est capable de trouver, le lendemain de la dénonciation du Concordat, un *modus vivendi* qui lui permette vraiment de vivre. Il se défend, le lâche!... Aussi certains frères ne seraient-ils pas éloignés de croire, avec Paul Bert, si nous ne nous trompons, que le Concordat bien appliqué est encore le meilleur moyen de bâillonner le catholicisme. Mais les doctrines ont de ces exigences « immanentes »; cette opinion concordataire, malgré le trésor de ressources qu'on y peut trouver, a peu de chance d'avoir l'oreille des frères.·... Séparation de l'Église et de l'État, c'est une formule, c'est un cliché. Il leur faut la séparation de l'Église et de l'État, du moins de l'Église catholique; Gambetta va nous expliquer pourquoi.

« Nous ne pouvons donc nous dispenser de poursuivre la solution, ou du moins la préparation de la solution des rapports de l'Église, — je sais bien que, pour être correct, je devrais dire des Églises, — avec l'État ; mais, si je ne dis pas des Églises, c'est que, vous l'avez senti, je vais toujours au plus pressé. Or, il faut rendre justice à l'esprit qui anime les autres Églises, et, s'il y a chez nous un problème clérical, ni les protestants ni les juifs n'y sont pour rien ; le conflit est fomenté uniquement par les agents de l'ultramontanisme[1]. »

[1] *Discours de Romans*, 18 septembre 1878.

Sans remonter plus haut, le convent de 1886, alors même que la loi scolaire est sur le point d'être votée, révèle l'orientation des préoccupations maçonniques sur la séparation de l'Église et de l'État.

Le grand discours du pasteur Dide, sénateur et orateur de l'assemblée générale du Grand-Orient pour cette année, est consacré à cette importante question. Nous en extrayons quelques phrases significatives :

« A la condition d'être sincères et de demeurer tolérants, tous ici ont le droit d'être déistes comme Rousseau et Voltaire, panthéistes comme Spinoza, athées comme Laplace, matérialistes comme Helvétius ou Diderot. »

Il n'est pas, comme on voit, question de ceux qui seraient autre chose que déistes, panthéistes, athées ou matérialistes. Cette fois c'est un peu de franchise. Continuons, et apprenons en passant, si nous ne nous en étions pas déjà un peu douté, « que cette thèse de la séparation des Églises et de l'État... est une *thèse essentiellement maçonnique*, qui s'impose comme une vérité à toutes nos loges, à tous ceux qui se réclament de notre tradition, » et que, sans conciles et sans surnaturel, les loges sont en possession de l'infaillibilité dogmatique, grâce à laquelle

« à l'occasion les F∴M∴ ne craignent pas d'être avec les évêques ; il leur suffit que ceux-ci soient avec la vérité ». (*Rires et applaudissements.*)

On n'est pas plus modestement facétieux. Mais cela n'empêche pas de penser aux choses sérieuses. « Pourquoi ne subventionnez-vous pas nos doctrines ? » En revanche, il est bon, pour préparer les lois « bien faites » dont il est question ailleurs, qui doivent elles-mêmes précéder la rupture du Concordat, de façonner l'opinion à cette idée que l'Église, après tout, n'était pas si propriétaire qu'on veut bien le dire des biens « sécularisés » par la Révolution. « Sans doute, en 1789, le clergé avait *entre les mains* des richesses considérables et dont le chiffre n'a jamais été exactement déterminé ; il s'élevait certainement à plusieurs milliards. Mais le clergé était-il, comme on le prétend, propriétaire de cette colossale fortune ? Ceci revient à demander ce que représentait l'Église dans notre pays.

« ... Est-ce que l'Église catholique était... une puissance métaphysique au-dessus et en dehors de la volonté de l'État ? Nullement... En France, l'Église catholique avait un caractère très particulier : celui d'une institution gallicane, subordonnée à l'État, dans la dépendance de l'État, agissant comme mandataire de l'État, et ne pouvant rien faire sans son autorisation. Si la puissance royale... se retirait de l'Église, l'Église pouvait être persécutée, proscrite, réduite à la misère, comme l'avaient été à bien des reprises les juifs, les protestants, les jansénistes. Sur ce point l'autorité royale est formelle ; écoutez ce que dit Louis XIV dans ses mémoires : « ... Les rois sont seigneurs absolus et ont naturellement la disposition pleine et libre de tous les biens qui sont possédés aussi bien par les gens d'Église que par les séculiers. »

« Nous sommes donc en présence d'une Église subordonnée à l'État, et regardée comme un simple agent soumis à l'autorité royale.

« La royauté d'avant 1789 se croyait tenue à certaines obligations de charité envers les pauvres ; elle avait choisi l'Église officielle pour distribuer des aumônes et porter des secours... ; on trouverait la preuve de ce que j'avance dans ce fait trop négligé par les historiens que, toutes les fois qu'une fondation religieuse, dans l'intérêt des pauvres, était établie, si les ressources de l'Église étaient insuffisantes, l'État y apportait ses ressources particulières.

« L'Église avait reçu, à titre d'économe des biens des pauvres, les richesses dont elle était dépositaire.

Les eût-elle reçues à d'autres titres, elle ne pourrait pas prétendre qu'elle en est propriétaire dans le sens où les jurisconsultes entendent le droit de propriété... Il n'y a pas de droit de propriété là où ne se rencontre pas une personnalité agissant par elle-même, existant par elle-même, incarnant un droit vivant...

« Le corps du clergé, disait Thouret,... n'existant que par la loi, la loi doit mesurer l'étendue dans laquelle elle lui donnera la communication des droits de l'individu. »

Elle est bien bonne, n'est-ce pas ? si on veut bien nous permettre cette locution familière. Mais allons toujours.

Certains pensent que le Concordat nous lie ; s'embarrassera-t-on pour si peu ? « Il ne lie plus personne, » parce qu'aucune des parties n'en a observé les clauses. N'étant pas juriste, nous nous bornons à mettre en doute le bien-fondé de cette déduction. « Bonaparte ajouta encore aux prétentions dominatrices de Louis XIV... Vous n'avez pas oublié les détails puérils sur le costume ecclésiastique, l'appellation des évêques, etc. Vous connaissez aussi l'existence de ce catéchisme célèbre, approuvé par un grand nombre de hauts dignitaires de l'Église, et qui semble lier les destinées du catholicisme français aux destinées de la famille Bonaparte. »

Saisissez-vous pourquoi cela frappe de nullité le Concordat ? Moi pas. D'ailleurs la vraie raison est qu'il n'y a plus de gallicans. Le sénateur pasteur Dide doit s'en féliciter, puisque c'est cela qui permet selon lui la rupture du pacte séculaire.

« Ce qui est plus essentiel, vous n'avez pas perdu de vue l'article 24 de la Convention du 26 messidor an IX, qui détermine la portée vraie du Concordat. Il est ainsi rédigé : « Ceux qui seront choisis pour l'enseignement dans les séminaires souscriront la Déclaration faite par le clergé de France en 1682, et publiée par un édit de la même année. Ils se soumettront à enseigner la doctrine qui y est contenue, et les évêques adresseront une expédition en forme de cette soumission au conseiller d'État chargé de toutes les affaires concernant les cultes.

« Qu'est-ce que tout cela est devenu...? Où y a-t-il encore des gallicans? Dans quel séminaire enseigne-t-on la doctrine de 1682, si chère à Louis XIV et à Bonaparte?...

« Mais un dernier argument nous est opposé... Oui, sans doute, nous dit-on, les considérations historiques et morales que vous faites valoir sont justes et doivent être acceptées, mais vous commet-

tez une confusion : la séparation de l'Église et de
l'État n'est pas, comme vous le croyez, une simple
thèse philosophique, c'est avant tout une question
politique ; il ne s'agit pas de savoir si, théoriquement, vous avez raison ; la seule chose importante,
c'est de rechercher si, pratiquement, vous n'avez
pas tort, si la réforme que vous recommandez ne
produirait pas des effets dommageables en même
temps à la libre pensée et à la République.

« Certes, ajoute-t-on, si la France se composait
exclusivement de grandes villes, si elle était peuplée
de citoyens émancipés de toutes superstitions, il
n'y aurait aucune objection à produire contre votre
théorie. En est-il ainsi? N'oubliez pas les petites
localités où se rencontrent tant de paysans qui
s'indigneraient contre le Gouvernement, si celui-ci
s'avisait de supprimer les cultes officiels? Avez-vous
songé aux femmes de la campagne, si vous leur
enlevez la messe et le prêche ?...

« Cette série d'arguments me paraît des plus discu-
tables.

« Le premier revient à dire qu'il faudra supprimer
le budget des cultes, lorsque tous les croyants se
seront convertis à la libre pensée ; » ainsi, « on ne
supprimerait pas les abus, on attendrait, en les

salariant, le jour où ils se seraient supprimés d'eux-mêmes. Elles (les réformes) auront des avantages définitifs. Ce sont les réformes qui créeront les mœurs, et ce sont les mœurs qui produiront l'indépendance des esprits et la définitive liberté de conscience. » (*Applaudissements redoublés.*)

Ces dernières phrases ne sont pas insignifiantes non plus que les applaudissements redoublés qui les soulignent, car c'est encore là une des caractéristiques du procédé maçonnique d'imaginer des désidérata auxquels l'opinion ne songeait pas et de lui imposer les « réformes » correspondantes, en lui persuadant qu'elle brûlait de les obtenir. Cela s'accorde, du reste, on ne peut mieux, avec le dédain que professe pour le menu peuple cette caste d'aristocrates, dits intellectuels, qui se disent eux-mêmes « fils spirituels » et fidèles images des maçons d'hier, les philosophes aristocrates du siècle dernier. Et le malentendu organisé entre la pensée du peuple et l'expression de la pensée qu'on lui impose est aujourd'hui séculaire.

En invoquant le décret de la Convention, l'orateur de 1886 nous laisse cette impression que, si choquant qu'il soit aux oreilles des croyants, ce décret est singulièrement libéral, comparé au régime que

préparent les futures lois « bien faites ». Sans
doute, dit ce décret, la République ne salarie aucun
culte ; elle ne fournit aucun local ni pour l'exercice
du culte, ni pour le logement des ministres;... les
cérémonies de tout culte sont interdites en dehors
de l'enceinte choisie pour leur exercice ; la loi ne
reconnaît aucun ministre du culte, et nul ne peut
paraître avec les habits, ornements ou costumes
affectés à des cérémonies religieuses ;... tout rassem-
blement de citoyens pour l'exercice d'un culte quelconque est soumis à la surveillance des autorités;...
aucun signe particulier à un culte ne peut être
placé dans un lieu public, ni extérieurement, de
quelque manière que ce soit ; aucune inscription ne
peut désigner le lieu qui lui est affecté ; aucune pro-
clamation ni convocation ne peut être faite pour y
inviter les citoyens ; les communes ou sections de
communes en nom collectif ne pourront acquérir ni
louer de local pour l'exercice des cultes ; il ne peut
être formé aucune dotation perpétuelle ou viagère,
ni établi aucune taxe pour en acquitter les dépenses,»
mais c'est du miel, vous le verrez, auprès des
projets qu'on prépare, qu'on nous proposera si la
question se pose, et dont les projets de lois « bien
faites » sur la liberté d'association nous feront pro-

chainement, sans doute, savourer les prémices.

Cette préoccupation se retrouve constamment dans les travaux des loges et des convents.

« La première de ces mesures, c'est la dénonciation du Concordat, la séparation de l'Église et de l'État, complète et sans compensation aucune ; la dissolution de toutes les congrégations et le retrait de la personnalité civile aux fabriques. La seconde, c'est le retour pur et simple des biens de mainmorte à la nation[1].

Nous verrons au chapitre où nous examinerons l'attitude de la franc-maçonnerie vis-à-vis de la liberté et du droit commun, de quelle façon elle entend réaliser la « réforme » projetée. Dès maintenant signalons ce fait frappant : alors même qu'un frère semble distinguer le cléricalisme et l'esprit religieux, et pousser le libéralisme jusqu'à considérer le second comme l'antidote du premier, il suffit de tourner la page, pour trouver dans sa plume, dans l'euphémisme de « lois bien faites », le souci d'exceptions. Il semble que ce soit plus fort qu'eux ; ces hommes paraissent souffrir à l'idée de la liberté.

Voici à cet égard un texte curieux et instructif :

[1] *Conférence d'un Franc-Maçon*, imprimée dans *les Travaux de la maçonnerie dans la région du Nord* (1886 ; p. 211-213).

« ... J'ai nommé le cléricalisme.

« Ne confondons pas, mes frères, le cléricalisme avec l'esprit religieux.

« L'esprit religieux, c'est le sentiment de la morale s'appuyant sur l'hypothèse du surnaturel, hypothèse non susceptible de démonstration, échappant par là même à la critique de tous et restant confinée dans le domaine de l'appréciation et de la croyance individuelles... qui, dans tous les cas, a le droit de se produire librement.

« Le cléricalisme, c'est un système politique qui a la prétention de confisquer à son profit le sentiment religieux et de s'en servir pour englober et conduire à la bataille toutes les forces hostiles à la République. Il n'a aucun droit à l'existence.

« Par quel moyen combattre le cléricalisme?

« En rendant au sentiment religieux toute sa liberté.

« Il faudra bien y venir enfin à cette réforme inscrite sur les plus anciens de nos programmes, et qui recule toujours au moment où on croit le saisir : je veux parler de la séparation de l'Église et de l'État. Question vingt fois mûre, question vingt fois pourrie.

« Pourquoi ne pas couper la chaîne qui rive

l'Église à l'État, deux corps depuis longtemps divorcés...

« On a peur que la ferveur et la générosité de leurs fidèles (les fidèles des religions) vienne à augmenter, si une fois elles sont libres et affranchies du contrôle de l'État, et qu'alors les Églises ne constituent, par cet accroissement de force, un danger plus redoutable pour la puissance civile. Erreur profonde !

« Avec des *lois bien faites* sur les associations, tout péril de ce genre serait écarté. Privées du prestige que leur donne l'investiture officielle de l'État, privées surtout de la part de son budget, qui les alimente, il n'est pas sûr que les religions vissent s'accroître et leur fortune et leur influence. Et d'ailleurs, dût-il nous en coûter un plus grand effort, ce qu'il importe avant tout dans ce pays, c'est d'assurer la liberté de la pensée, que menacent les religions d'État. Nul ne doit être inquiété ou même gêné dans la manifestation de ses opinions religieuses. Nul ne doit être inquiété ou gêné s'il ne veut pas manifester d'opinions religieuses.

« Ainsi le veut la liberté de conscience[1]. »

___

[1] *Compte Rendu du convent de* 1894 (p. 397) : Discours du F∴ Gadaud, sénateur de la Dordogne.

Tandis que tout marchait au gré de la secte, que
la confiscation de l'autorité s'achevait tous les jours
par de nouvelles conquêtes, que la législation de la
veille et celle du lendemain assuraient, sans con-
teste, la domination maçonnique sur un peuple
opprimé et satisfait, voici qu'un coup de tonnerre
retentit dans ce ciel pur; voici que de nouveau
« l'Éternel ennemi » jetait un bâton dans les roues
du char qui portait la concentration et sa fortune.
Dans sa lettre à « tous les catholiques de France »,
le pape Léon XIII écrivait, le 16 février 1892 : « Lorsque
les nouveaux Gouvernements qui représentent cet
immuable pouvoir sont constitués, les accepter n'est
pas seulement permis, mais réclamé, voire même
imposé par la nécessité du bien social qui les a faits
et les maintient... Une telle attitude est la plus sûre
et la plus salutaire ligne de conduite pour tous
les Français, dans leurs relations civiles avec la
République, qui est le gouvernement actuel de leur
nation. »

Ce simple programme de ralliement devait porter
le coup mortel à la politique de concentration.
Quelques conservateurs, royalistes intransigeants,
furent seuls à ne pas le voir, tandis que, mieux avi-
sés, les vigilants gardiens du Capitole faisaient par-

tout entendre le cri d'alarme en signalant le véritable danger. Et le rappel de battre, de battre encore en faveur de la concentration, dont le programme, républicain pour le public, anticlérical pour les initiés, était la raison d'être et le lien.

« Il en est qui pensent, et à juste titre suivant nous, qu'à la poursuite de cette chimère, savoir : un Gouvernement stable installé sur une bascule qui élève et abaisse tour à tour les diverses fractions républicaines, il serait temps, il serait grand temps, de substituer nettement et franchement le système plus vrai, plus honnête et plus loyal, de la concentration républicaine ; j'entends la grande, la large concentration, embrassant en un seul faisceau et reliant entre elles toutes les énergies républicaines, depuis les caractères les plus modérés jusqu'aux tempéraments d'extrême avant-garde[1]. »

Mêmes alarmes un peu partout, souvent exprimées en termes plus accentués où la maçonnerie elle-même va nous montrer s'il est exagéré d'attribuer au conseil donné par le pape Léon XIII le coup mortel porté à la concentration, dont tous les

[1] *Compte Rendu du convent de* 1894 (p. 390).

jours les « vrais républicains » pleurent la mort et
cherchent à ressusciter le cadavre.

Voici d'abord, sur une brochure sortie de *l'Im-
primerie administrative et commerciale du Stépha-
nois* à Saint-Étienne, un titre long et qui en dit
long : *Nécessité de refaire à l'image de l'unité maç.·.
l'unité du parti républicain et d'emprunter à la
doctrine maç.·. les idées directrices qui permettront
de grouper pour une action commune les éléments du
parti républicain.*

Ouvrons cette *Nécessité de refaire l'unité*, et nous
y apprendrons, à la page 3, que « la F.·. M.·. doit
dominer de bien haut la mêlée des partis », et, dès
la page 4, la seconde d'impression, « que l'attention
des LL.·. a dû inévitablement se fixer, ces dernières années, sur un fait qui est bien le plus grave
de tous ceux qui ont marqué l'histoire de la troisième
République » — vous entendez bien, le plus grave ? —
« c'est l'adhésion de l'Église romaine à des institutions issues de la Fr.·. Maç.·. et que la Fr.·. Maç.·.
s'est constamment efforcée de façonner à son esprit.

« Cette tactique a obtenu, auprès de certains républicains, un étonnant succès ; il est clair, cependant,
qu'au lieu de consolider les réformes que la République a réalisées depuis quinze ans sous l'influence

de notre Ordre, il est clair qu'au lieu d'assurer la pleine application des lois démocratiques élaborées dans le silence de nos LL.·., elle les met en péril et nous fait craindre que nos efforts ne soient perdus.

« Il faut que la maçonnerie, dont, à la faveur d'une paix trompeuse, on avait sonné le glas trop tôt, se lève pour défendre son œuvre menacée.

« Les cléricaux n'ont pénétré, en effet, dans la République, que pour y faire prévaloir leur esprit et satisfaire des convoitises aiguisées par une attente déjà longue.

« Pendant quinze mois, les réactionnaires ralliés ont exercé sur l'orientation de la République française la plus désastreuse influence, au profit de leurs idées et de leurs intérêts. Mais ce n'est pas là le danger le plus grave auquel est exposée l'œuvre de la Fr.·. Maç.·.

« Avant le mouvement tournant des ralliés, les républicains de France, malgré toutes leurs divisions et toutes leurs rivalités de personnes, ne connaissaient qu'une méthode pour conserver intact le dépôt dont ils avaient la garde : c'était la pratique de la discipline républicaine. L'unité de la Fr.·. Maç.·. se retrouvait dans le parti républicain.

« Il a suffi d'un mot venu de Rome pour substituer à cette conception une tout autre conception.

« La République est incontestée, répétaient de toutes parts les hommes publics. La concentration républicaine se justifiait par la nécessité de défendre cette forme de gouvernement. Il ne faut plus de concentration ; il faut que le pouvoir soit disputé par les partis homogènes ; telle est la vérité parlementaire.

« Singulier mirage des mots ; presque tout le monde, au début des travaux de la Chambre actuelle, était d'accord sur ce point.

« Mais vous savez tous, mes FF.·., comment, dans le Parlement et dans le pays, a été compris le principe d'homogénéité et quelles ont été ses conséquences ?

« D'un côté, les ralliés se sont unis aux hommes du centre-gauche et à quelques républicains confiants, pour constituer le parti dont nous avons déjà signalé l'action détestable ; sous prétexte d'homogénéité, ils n'ont eu d'autre préoccupation que d'exclure des affaires publiques les anciens républicains qui se refusaient à leur faire la courte échelle.

« Le faisceau républicain s'est rompu... »

A cette oraison funèbre de la concentration il ne

manque rien en fait d'accents de sincérité attristée. Vous entendez ce dernier cri de douleur ! Le faisceau s'est rompu ! Mais ce n'est pas tout ; le F.·. qui parle, continue en ces termes :

« Il manquait à cette combinaison une formule ; c'est un républicain, à qui pourtant ce rôle ne paraissait pas réservé qui la lui a donnée. Cela s'est appelé l'*esprit nouveau*.

« L'avènement du parti de l'*esprit nouveau* a eu pour contre-partie la conception d'un autre groupement qui se réclamait également du principe d'homogénéité. Comme réponse à l'alliance des modérés du centre-gauche et des ralliés, n'a-t-on pas tenté de mettre les radicaux et les progressistes à la remorque des collectivistes révolutionnaires ? »

Avec M. Raynal, M. Goblet a dit : Qu'il n'y ait plus en France que des tories et des wighs.

« Il s'est trouvé que, dans la pratique, les tories c'étaient les ralliés, et que les wighs c'étaient les collectivistes !

« Départagés par les deux extrêmes, les républicains disparaissaient.

« La République n'oscillait plus entre le F.·. Jules Ferry et le F.·. Floquet ; nous aurions été finale-

ment condamnés à choisir entre M. le marquis de
Vogüé et M. Jules Guesde.

« Grâce à l'*esprit nouveau*, les cléricaux gagnaient
sans coup férir la bataille perdue sous l'ordre moral
et avec le cheval noir ; les républicains divisés étaient
réduits à l'impuissance.

« Est-il besoin, mes FF.·., d'insister sur le danger qu'une telle conception politique a fait courir à
la Fr.·. Maç.·. et à toute l'œuvre républicaine éla-
borée dans nos LL.·. ?

« Alors que de toutes parts la théorie de l'homogénéité était acclamée comme le salut du régime
parlementaire, ce sont les F.·. M.·., et parmi les
premiers de ceux-là il faut citer notre dévoué F.·.
Alexandre Bérard, député de l'Ain, ce sont les F.·.
M.·. qui, dans la presse et à la Chambre, ont jeté le premier cri d'alarme et ont fait justice de cette duperie. »

Suivent quelques mots significatifs sur « l'ingérence cléricale » de l' « Ordre ».

« C'est maintenant, mes FF.·., qu'apparaît la
grandeur de la mission que les événements imposent à notre Ordre.

« Répétons-le bien : nous ne voulons pas intervenir
dans la mêlée électorale, mais nous resterons debout
pour défendre la doctrine dont nous avons la garde.

et empêcher l'œuvre que nous avons reçue en dépôt de périr dans la réaction cléricale ou la révolution sociale, ruine de la liberté.

« La Fr∴ Maç∴ reste dans son rôle et dans sa tradition, en devenant l'instrument à l'aide duquel pourra se refaire, pour le salut de la République et de la liberté, l'unité du parti républicain.

« C'est à notre ordre à dégager de sa doctrine de liberté, de solidarité, d'amour, ce programme, dont l'esprit nouveau nie l'existence, et qui permettra de diriger vers notre lumineux idéal les efforts aujourd'hui divisés et impuissants des républicains.

« C'est à notre Ordre à faire pénétrer dans le parti républicain, reconstitué à son image, cette admirable discipline qui nous a rendus forts contre la mauvaise fortune.

« Déjà, après bien des amertumes, une grande joie est venue nous donner du courage pour la bataille. C'est un de nos FF∴ les plus fidèles et les plus éprouvés, qui préside aux destinées de la Patrie.

« C'est encore un Maç∴ ancien et vaillant que la Chambre a choisi pour diriger ses débats.

« A l'œuvre donc !

« Nous n'avons certes pas la prétention que, dès

aujourd'hui, de nos travaux modestes sorte le nouveau *Credo* républicain.

« Ce sera l'œuvre de demain.

« Mais nous aurons été d'utiles ouvriers de la vraie République, de la République Maç.·., si nous avons préparé les esprits à une politique de concorde républicaine sous l'égide de la Fr.·. Maç.·., si, de retour dans nos Or.·. respectifs, nous ne voyons plus des Fr.·. Maç.·., qui, après avoir échangé dans nos LL.·. l'accolade fr.·., combattent dans le monde profane au profit de nos adversaires ; si nous pouvons enfin obtenir que les agents de la République ne mettent pas, dans certains de nos Or.·., l'autorité qu'ils détiennent au service des convoitises des ralliés.

« Votre Commission vous propose, mes FF.·., d'émettre dans ce sens le vœu le plus ardent. » (*Applaudissements.*)

Ainsi conclut la Commission dont le F.·. Combe est rapporteur.

Il nous semble inutile de multiplier les exemples. Chacun de nous a été témoin des événements écoulés depuis 1892, de la décomposition de la concentration sous l'influence de groupements nouveaux, de la désinvolture avec laquelle certains concentrés de la veille ont dénoncé la sacro-sainte concentration, lorsqu'ils ont trouvé mieux au gré de leurs aspirations ou de leurs intérêts, de la belle indifférence avec laquelle d'autres regardent ses raisins trop verts, mais aussi des efforts désespérés que quelques-uns déploient à en rassembler et à en faire revivre les débris. Peine perdue! Si le ralliement lui a porté un rude coup, le socialisme ne l'a pas frappé d'une moins terrible atteinte. Mais aussi, qui donc, sinon quelque fatalité, « immanente » encore, a poussé la franc-maçonnerie à faire cause commune avec le pire des socialismes? Et la fatalité, c'est toujours l'horreur du droit commun, c'est la répulsion haineuse pour l'apaisement, quand de cet apaisement pourraient jouir les hommes pensant autrement que la poignée d'hydrophobes qui mènent la politique des loges, grinçant des dents à la pensée de la concorde, convulsionnaires d'un nouveau genre à la seule idée de la liberté.

*
* *

La République cessait d'être une réclame aux yeux des masses, du jour où « l'éternel ennemi » de la maçonnerie tendait la main à la République. Le fait

retentissant qui ouvrait les yeux des maladroits politiques de droite devait-il donc égarer du même coup
les finauds qui, des temples, menaient les politiques
de gauche ? La franc-maçonnerie sembla sentir le
besoin de modifier sa plate-forme, et la grève de Carmaux marque le point de départ d'une évolution non
équivoque vers le socialisme. Si, comme à l'ordinaire,
les frères tiennent isolément des langages contradictoires, la vérité se dégage des actes officiels de
la secte.

Les cotisations qui interdisent au peuple l'entrée
des loges sont réduites ; le convent de 1895, où
quatre cents loges sont représentées, commence ses
travaux par une subvention aux grévistes de Carmaux et de Limoges[1], et *la Lanterne* peut, avec
quelque logique, imprimer le commentaire suivant :

« Si on veut bien remarquer que l'assemblée
générale est l'émanation directe de la fédération
tout entière du Grand-Orient dont elle synthétise
les tendances politiques et sociales, il faudra être
de bien mauvaise foi pour continuer à prétendre,

[1] Le convent a voté à l'unanimité l'envoi, aux grévistes de
Carmaux, du produit du tronc de la veuve pendant toute la
durée de sa réunion, pour faire, comme on l'a dit aux applaudissements de tous les membres, *une manifestation de fraternité et de solidarité socialistes.*

comme font les cléricaux et les réactionnaires, que la maçonnerie française est enlisée dans les ornières d'un « bourgeoisisme » étroit et irréductible. En avant! toujours en avant! Voilà quelle doit être et quelle sera la devise des francs-maçons. »

Les frères proclament officiellement le besoin de corser leurs revendications et de foncer la couleur de leurs réclames.

« Quand les derniers partisans des régimes déchus font un pas vers la République, il est tout naturel que les républicains fassent un pas vers la République républicaine. Quand tout le monde, en France, en vient à se dire républicain, il est tout naturel qu'il se forme dans notre pays un parti en faveur de *la vraie République*, dont le mot d'ordre est pour notre convent de 1892 : *l'Anticléricalisme décidé et le socialisme laïque et libertaire* [1]. »

Du reste, ce n'est pas d'un socialisme « intellectuel », pouvant s'interpréter bonassement après la vague affirmation que « la franc-maçonnerie est le plus bel exemple de socialisme qu'on puisse donner aux hommes »; non, c'est du socialisme par le fait qu'il s'agit, du socialisme qui ne craindra ni

---

[1] Discours du F∴ orateur. *Compte Rendu du Convent de* 1892 (p. 50).

de faire flamber les choses, ni de coller au mur les gens.

Témoin les déclarations nombreuses et les honneurs conférés au F.·. Lucipia.

Il faut *républicaniser la propriété* comme le Tiers-État a républicanisé le pouvoir... Il est nécessaire que l'outillage (c'est-à-dire toutes les usines, toutes les manufactures), qui ne peut plus être possédé individuellement par celui qui le fait fonctionner, devienne propriété collective au lieu de rester aux mains d'une féodalité capitaliste ; en d'autres termes, il est nécessaire que la République, menacée par une oligarchie financière, étende son action au terrain économique qui peut seul lui fournir une base indestructible. Cette œuvre, qui consiste à établir la *République sociale*, il appartient aux francs-maçons clairvoyants de la préparer et de l'accomplir. Nos FF.·., se dit-on, ont su conquérir au xviiie siècle le droit de se gouverner eux-mêmes et ils nous l'ont transmis. A nous de continuer leur mission, en proclamant que, dans une société où la souveraineté réside dans la nation, *la propriété du sol doit être nationalisée ;* en affirmant que chaque membre du corps souverain doit avoir l'existence assurée et recevoir l'instruction intégrale.

Les choses vont se précisant, et l'élection d'un bon frère à la présidence du convent de 1895 dispense de tout commentaire. Au banquet de clôture, le F.·. Desmons s'est exprimé tendrement à l'égard de son nouveau président, le F.·. Louis Lucipia, « de ce F.·., a-t-il dit, dont quelques suffrages d'amis trop bienveillants ont semblé faire de moi un instant le concurrent, mais qui a été, je suis heureux de le dire ici publiquement, mon candidat personnel ; du F.·. Lucipia qui, pour le monde profane, a été si grandement à la peine, et que la franc-maçonnerie a voulu mettre à l'honneur ; du F.·. Louis Lucipia qui ne compte, paraît-il, comme il nous l'apprenait lui-même hier soir, dans un autre banquet, que sept ans de service maç.·., mais qui oubliait d'y joindre les longs mois passés au bagne, et ce temps-là, F.·. Lucipia, aux yeux de la maçonnerie, compte plus que double[1]. »

Le F.·. Lucipia a répondu :

« Il n'est certes pas difficile, dans la franc-maçonnerie, d'accomplir son devoir, car on est toujours sûr d'être récompensé, non seulement au-delà de ses espérances, mais au-delà de ses mérites ; vous

[1] *Compte Rendu officiel du Convent de* 1895 (p. 370).

me l'avez prouvé pendant toute la durée de ce convent et, je l'avoue, cela me fait oublier quelques
amertumes des temps passés. Il est inutile de vous
ajouter que, bien que les cheveux aient blanchi, si
les circonstances étaient les mêmes, votre F.·. Lucipia serait le même.[1] » (*Vifs applaudissements.*)

Si on se rappelle le rôle du président de 1895 durant la Commune, nous voilà prévenus qu'il ne fera
pas bon se trouver sous sa main « la prochaine fois ».

Comment n'être pas reconnaissants envers les bons
frères quand ils ont, après des déclarations de ce
genre, la charité de donner au public les avertissements qui suivent ?

« Être républicain ne signifie plus rien, puisqu'il
y a des républicains réactionnaires et d'autres qui
ne le sont pas.

« Aujourd'hui nous cherchons un groupement
nouveau et voulons franchir une étape nouvelle.

« La République étant maintenant indiscutée, il
est difficile de se réunir sous un qualificatif aussi
vague que celui de parti républicain[2]. »

Du reste, l'évolution socialo-communarde de la

[1] *Compte rendu officiel du Convent de* 1895 (p. 376).
[2] *De la nécessité de refaire, à l'image de l'unité maçonnique,
l'unité du parti républicain* (p. 9).

maçonnerie ne s'est pas démentie ; le convent de 1897 (dont le *Compte Rendu* n'est pas même à la Bibliothèque Nationale) nous rassure à ce sujet. Le socialisme est toujours à l'ordre du jour, et le F.·. Lucipia n'a pas cessé de représenter la République telle que la conçoivent les adversaires du ralliement et de la paix [1].

Il n'y a aucun doute possible sur la nature de cette évolution. Depuis le ralliement, la République n'est plus un terrain suffisamment sûr, ni suffisamment pur de toute compromission cléricale. Sans doute, on parle bien de vraie République, mais ces complications de mots, qui sonnent faux, cachent mal les complications qui embrouillent une situa-

---

[1] « Le Convent de 1897 demande que tous les candidats francs-maçons s'engagent, en face de leurs loges respectives, à soutenir toutes les lois anticléricales, socialistes et ouvrières (*Compte rendu du Convent de* 1897; p. 234). Vœu adopté.

« ... Il y a deux termes qui ne peuvent se séparer, c'est : républicain et socialiste. (*Applaudissements.*)

« ... Je remercie mon F.·. Lucipia, mon ancien complice d'il y a vingt-sept ans... (*Applaudissements*) et mon compagnon de bagne, ne l'oubliez pas... (*Nouveaux applaudissements.*) Nous avons pris part l'un et l'autre à des luttes grandioses, à des luttes terribles qui ont sauvé la République, c'est grâce à ces luttes que la France jouit aujourd'hui d'un semblant de République et peut être assurée de la réalité de demain, si elle veut. » (*Applaudissements.*) (*Compte rendu du Convent de* 1897; p. 305.)

tion jadis claire. Le microbe « jésuitique » n'a pas encore envahi le socialisme, et la franc-maçonnerie, qui craint partout le microbe, vient camper sur le terrain hospitalier.

Veut-on encore une preuve de la portée de ce mouvement? Nous la trouvons dans le discours prononcé à Aurillac, le 13 février dernier, par un ancien membre du cabinet Bourgeois. *Missus dominicus* auprès des électeurs d'Aurillac, moins compromis que ses anciens collègues, M. Cavaignac avait plus de facilité pour commencer, vis-à-vis du suffrage universel, le mouvement de conversion qui doit aboutir à l'abandon des programmes et au renversement des principes.

Le mot d'ordre nouveau donné aux radicaux est de se montrer le moins radicaux qu'il sera possible sur tout autre terrain que l'anticléricalisme.

Dans la campagne qu'elles ont organisée en province, les loges ont senti que le terrain leur manquait. Les adhérents étaient moins nombreux et se montraient plus tièdes. A l'exception d'un petit nombre de circonscriptions où les braillaerds de l'anticléricalisme ont encore le dessus, presque partout l'esprit de modération et le désir de l'apaisement s'affirment avec netteté ; les meneurs du parti radical ont compris qu'il fallait compter avec ce mouvement de l'opinion publique, et, au lieu d'envoyer à Aurillac ou M. Mesureur ou M. Gustave-Adolphe Hubbard, ils ont prié M. Cavaignac d'aller faire entendre un langage prudent et porter un programme édulcoré.

M. Cavaignac a tenu surtout à dégager son parti de toutes les compromissions malpropres avec la coterie antifrançaise qui s'est attaquée aux chefs de l'armée, a affaibli la défense nationale, en ébranlant la confiance des subordonnés envers leurs chefs, et ébranlé la discipline en soupçonnant la justice militaire de partialité.

Mais le but principal de M. Cavaignac était de rassurer les contribuables sur les projets fiscaux de son parti et de montrer combien l'impôt sur le revenu était devenu inoffensif, depuis que son auteur, M. Doumer, s'est domestiqué dans une vice-royauté opulente.

Même sur le chapitre de l'impôt, les radicaux sont assagis par le mouvement qui s'est produit à la suite du ralliement.

Les deux griefs soulevés par les esprits prudents contre le projet d'impôt global de MM. Doumer et Bourgeois étaient ceux-ci : la progression de l'impôt, à raison de l'importance du capital sur lequel il frappe, peut devenir un danger entre les mains d'un Gouvernement socialiste. La crainte, certes, n'est pas chimérique ; mais si l'impôt progressif n'existait pas à l'époque de l'avènement, encore invraisemblable, d'un cabinet Jaurès, cette lacune serait vite réparée, et la socialisation, c'est-à-dire la spoliation, ne tarderait pas à être édictée comme le premier principe de la loi fiscale.

Ce n'est pas ce que veut M. Cavaignac, et il se contente de demander que le faible paie moins et que le riche paie plus : question de mesure simplement, car il est évident que la proportionnalité mathématique n'est pas l'égalité, car celui qui paie sur son nécessaire est plus chargé que celui qui paie sur son superflu.

Le second grief, et le plus grave qu'on ait formulé contre l'impôt global sur le revenu, est que cet impôt est vexatoire et arbitraire : vexatoire, en ce qu'il contraint le contribuable à faire connaître l'état de ses affaires privées ; arbitraire, en ce que les commissions administratives ont le droit de contrôler les déclarations, et de substituer aux chiffres fournis par le redevable des chiffres qu'ils grossiront ou atténueront d'après leur fantaisie, d'après leurs passions politiques, ou même d'après leurs inimitiés personnelles.

M. Cavaignac a été chargé de rassurer les populations : il ne s'agit plus de déclaration, ni d'inquisition ; les petits contribuables n'y seront pas soumis, et les gros pourront s'en exonérer ; et les radicaux, par esprit de conciliation (c'est ainsi que s'exprime M. Cavaignac), proposent de laisser à ces derniers le choix entre la déclaration facultative ou la taxation d'après le loyer et d'après les signes extérieurs.

N'est-il pas intéressant d'entendre un pareil langage dans la bouche d'un ancien ministre du cabinet Bourgeois, qui serait, en cas de retour des radicaux au pouvoir, l'un des hommes qualifiés pour prendre en mains les finances ?

Il y aurait beaucoup à dire sur les théories fiscales de M. Cavaignac ; mais quelle différence entre le système relativement anodin exposé à Aurillac, et le système dont MM. Doumer et Bourgeois faisaient, en quelque sorte, la base de la République.

D'où vient ce changement d'attitude? de la crainte salutaire du suffrage universel.

Le parti radical a senti que l'opinion publique s'accusait nettement contre lui, et il trouve habile de faire au sentiment général le sacrifice de son propre sentiment. On ne peut que le féliciter de cette conversion partielle.

Puisque les loges permettent de transiger sur les questions fiscales, pourquoi n'arriveraient-elles pas à transiger aussi sur les questions, autrement graves, qui touchent à la liberté religieuse et au respect des consciences? Ou bien cherchent-elles au contraire à compenser de ce côté ce qu'une tolérance forcée leur fait abandonner ailleurs?

Les électeurs voient, dans tous les cas, qu'il leur suffit de faire connaître leur pensée pour être aussitôt obéis.

Ils se sont montrés très hostiles à l'impôt Doumer : l'impôt Doumer a vécu. Le jour où ils réclameront la liberté de conscience et l'égalité de tous devant la loi, la liberté et l'égalité leur seront probablement accordées.

C'est, indépendamment de ce que l'on peut penser de l'avenir individuel des ralliés, le ralliement qui a créé la situation nouvelle. La franc-maçonnerie qui proclamait naguère « la guerre contre l'Église, plaie sociale, contre le cléricalisme qui est sa forme virulente, un devoir sacré », et qui se promettait d'empêcher les prêtres de « s'emparer de la Répu-

blique, » en les faisant « rentrer dans leurs sacris-
ties », la franc-maçonnerie avoue mélancoliquement
que, du fait de « la dangereuse évolution effectuée
par les cléricaux français amenés, par les conseils
du Pape, à faire adhésion à la forme républicaine...
la maçonnerie a été cruellement atteinte par les
coups de son éternelle adversaire ».

Nous ne voudrions pas négliger, en finissant, un
avis salutaire à ceux qui font profession de songer
au peuple, de connaître les « vrais intérêts » du
peuple. La maçonnerie n'est que blessée ; elle ne
restera pas longtemps sans lancer la riposte.

Or, tandis que « les politiciens se trouvent éta-
blis dans le Grand-Orient de France, comme dans
une forteresse à l'intérieur de laquelle ils peuvent
méditer et préparer leurs opérations politiques,
comme certains barons du moyen âge préparaient
derrière les murailles de leur château-fort les
razzias qu'ils opéraient dans les campagnes envi-
ronnantes [1] », tandis qu'après avoir joué du jaco-
binisme ils sont obligés d'obéir à ceux qui en
jouent derrière eux, et cela sous peine de perdre
l'appui des loges, d'être « débarqués », comme on dit

---

[1] COPIN-ALBANCELLI, loc. cit. (p. 55).

mäintenant, et remplacés par des aspirants députés
qui s'agitent et fulminent sur « les colonnes » des
temples, en attendant le tour de candidature à laquelle
ils aspirent et qui ne vient jamais assez tôt, à leur
gré[1] »; tandis que cette nécessité les met, du moins en
paroles, à l'avant-garde des réformes sociales les plus
urgentes et souvent les plus légitimes, leurs adversaires épiloguent, attendent, étudient indéfiniment
dans le domaine stérile et illimité de « la thèse ».
Il n'est jamais temps de porter dans la pratique
les applications de réformes dont la maturité
laisse toujours des doutes et dont le danger soulève
toujours des scrupules. Et un beau jour, en ouvrant
un compte rendu de convent[2], on y trouve consi-
gnés les avis des loges sur un programme qui
semble tout entier sorti d'un autre « laboratoire ».

On apprend que 52 loges contre 9 sont partisantes
d'une législation sur le contrat et la réglementation
du travail ; que 52 loges contre 10 voudraient la
participation aux bénéfices ; 60 contre 4, l'arbitrage
dans les grèves ; 56 contre 6, le développement des
libertés syndicales ; 53 contre 8, la reconnaissance

---

[1] COPIN-ALBANCELLI, loc. cit. (p. 59).
[2] Compte Rendu du Convent de 1897.

de la responsabilité des patrons en cas d'accidents ou de maladie professionnelle; 53 contre 4, des institutions en vue du chômage; 57 contre 2, des mesures de prévoyance en vue de l'organisation des retraites.

Si vous connaissez les programmes des chrétiens sociaux, de ceux que l'on commence à appeler les démocrates, il vous semble que vous avez déjà entendu parler de ces choses; mais si vous connaissez les démocrates, vous connaissez sans doute les « Philistins », leurs adversaires. Ceux-ci n'ont pas fini d'empêcher les réformes dont les maçons reprennent l'initiative et tirent le profit.

Pour qui connaît un peu la question visée dans ces dernières lignes, la liste des réformes soumises aux loges est d'une saisissante et bien triste éloquence. Nous soumettons ces réflexions pressantes à ceux qui travaillent à l'organisation de la démocratie, qui aiment la République comme la chose de tous et le peuple, non en tuteurs, mais en frères, et comme le tout social dont tous nous faisons partie.

V

L'ABSTENTION POLITIQUE

DE LA FRANC-MAÇONNERIE

On pourrait, à la vérité, s'en tenir là : la doctrine et la politique maçonnique ne laissent de doute qu'à ceux dont les yeux sont faits pour ne pas voir et les oreilles pour ne pas entendre. Mais il ne nous semble pas mauvais de compléter par quelques mots, empruntés à la franc-maçonnerie même, mots cueillis au hasard dans les parterres touffus où s'épanouissent les fleurs d'intolérance et d'hypocrisie de sa culture intensive, bouquet fait à la diable, mais dont s'exhale un caractéristique parfum.

Les conceptions de la secte sur la liberté et le droit commun, sur la part qui revient à ses affiliés dans la direction des affaires publiques, son rôle philanthropique, la nature de son républicanisme, la rectitude et la netteté de ses allures, sa façon de prendre souci des humbles, l'antagonisme constant d'affirmations personnelles opposées, trompe-l'œil d'un libéralisme en contradiction formelle avec la fixité immuable de sa ligne de conduite, ses mensonges, ses habiletés et ses audaces, se dégageront à de la simple lecture de textes qui ne sont peut-être pas encore les plus significatifs ; du moins leur nombre et la variété de leurs origines ne peuvent manquer d'établir, semble-t-il, leur portée manifeste et leur suffisante autorité.

« Il fut un moment non pas de règle, mais de formalisme de déclarer que la maçonnerie ne s'occupait ni de religion ni de politique. Était-ce hypocrisie ? Je ne le dirai pas. C'était sous l'impression des lois de police que nous étions obligés de dissimuler ce que nous tous avions mission de faire.

« Je vous demande, mes frères, de prendre part, sans fausse modestie, sans hypocrisie et sans restriction, au rôle politique et social de la maçonnerie [1]. »

Soit ! il se peut bien pourtant qu'on se demande pourquoi elle persiste à vouloir s'envelopper d'ombre et de qui elle peut avoir à se cacher, si ce n'est du

---

[1] *Bulletin du Grand-Orient*, 1886 ; p. 545 (Convent).

peuple [1]. » Car les rares propositions en vue de la suppression du mystère sont toujours repoussées sans pitié ; on peut trouver qu' « en procédant ainsi elle se rend coupable d'une usurpation, qu'en nous ôtant, à nous qui constituons le tribunal de l'opinion publique, la possibilité de contrôler ses actes, elle vole au peuple une partie de ces droits politiques qui lui appartiennent et commet un véritable attentat contre la souveraineté de la nation [2] » ; mais n'importe ! Nous admettons que ce n'est pas à un initié à proclamer l'hypocrisie de la communauté maçonnique, les lectures, les rapprochements entre les textes et les actes, entre les déclarations et les faits suppléent facilement à l'hésitation naturelle au bon F.·. Aussi bien son invitation a depuis longtemps trouvé de nombreux échos.

« Ce n'est un secret pour personne qu'un certain nombre de LL.·. ont réussi, et nous les en félicitons, à faire les élections dans leur région.

« Nous savons très bien qu'il y a des LL.·. qui ont une influence politique considérable ; d'autres n'en ont point ; c'est regrettable, mais c'est ainsi [3]. »

---

[1] COPIN-ALBANCELLI, *loc. cit.* (p. 43).
[2] *Ibid.* (p. 43).
[3] *Bulletin officiel du Grand-Orient*, 1893 (p. 475).

Et ce n'est pas de 1893 que date cette prétention ; on nous annonce dès 1881 que « la franc-maçonnerie doit être comme la pépinière des hommes appelés à gouverner la France [1] ».

« La franc-maçonnerie est l'école du citoyen, elle doit le préparer au maniement des affaires publiques à commencer par celles de la commune [2]. »

« Les hommes importants de la démocratie française ont fait, en majorité, leur éducation dans les loges [3]. »

L'auteur que nous citons ici et citerons encore, ancien adepte des loges qu'il a longtemps fréquentées et dont ne l'ont exclu ni l'aigreur ni l'éveil de sentiments religieux, résume en quelque mots clairs, les observations qu'il lui a été donné de faire sur la genèse des candidatures maçonniques.

« Dans la Fédération du Grand-Orient, deux fois plus nombreuse que toutes les fédérations réunies, se trouvent, nettement caractérisés, deux éléments, « dont la majorité » inéclairée est « dominée par une minorité de politiciens. La franc-maçonnerie offre à l'ambition de ceux-ci des ressources merveilleuses,

---

[1] *Bulletin officiel du Grand-Orient*, 1881 (p. 233).
[2] *Ibid.*, 1890 (p. 257).
[3] Article de *la France*, 19 décembre 1881.

et il faut reconnaître qu'ils en usent supérieurement. Elle leur permet de parler dans les loges avec une autorité presque égale à celle dont jouissent les prédicateurs dans les églises où nul ne les contredit. En franc-maçonnerie, en effet, les moindres observations échangées veulent avoir l'air de discours.

« Pour parler dans les tenues, il ne suffit pas d'avoir quelque chose à dire, il faut surtout savoir le dire. Il en résulte que les *politiciens sont à peu près les seuls à faire les frais des discours maçonniques.*

« En prenant continuellement la parole dans les tenues, ils s'emparent de l'esprit des petits commerçants de la majorité... Ils les enflamment avec les grands mots de progrès, civilisation, liberté, qui reviennent à tout propos dans leurs discours et qu'ils opposent à ceux de cléricalisme, réaction, tyrannie. Ils finissent ainsi par créer un entraînement, une sorte d'émulation qu'ils subissent eux-mêmes. De sorte qu'à l'heure qu'il est, tous les membres des loges, ignorants ou faiseurs, luttent avec une inconscience presque égale à qui fera preuve du fanatisme le plus furieux. Les choses étant à ce point, les politiciens n'ont plus qu'à lancer sur le pays les hallucinés qu'ils dominent et à se servir d'eux pour y répandre la haine antireligieuse qui leur sert de moyen politique.

« Enfin le courant étant créé dans le peuple, ils placent leur barque dessus, et, en laissant voguer, ils arrivent tout naturellement et par la force même des choses au but de leur ambition, à l'objet constant de leurs rêves, la députation [1]. »

Une fois député, le produit de la secte émancipatrice de la pensée et de la liberté humaine est en tutelle. On ne lui demande pas l'hommage simple que le vassal des temps « d'obscurantisme » rendait debout, en armes, l'épée au côté, — quelquefois l'épée haute. C'est l'hommage-lige qui attache l'élu à la secte suzeraine, celui qu'on prête, la main tenue par celle du maître, vis-à-vis duquel on s'engage à genoux. En tutelle, c'est trop peu dire ; c'est la cravache à la main que la maçonnerie tient son élu en laisse. Les couvents lui dictent ses devoirs et « ses devoirs stricts », gradués selon son élévation. Plus il est haut, plus chère est la rançon imposée à sa dignité. Derrière ! chien fidèle, le nez à la botte ! ou nouvelle victime des infaillibles gardiens du Capitole, comme tes précurseurs « en

---

[1] Copin-Albancelli, *loc. cit.* (p. 52).

sommeil », oublieux de leur devoir, tu seras cloué
au gibet !

En 1892, « le Convent déclare qu'il est de *devoir
strict pour un franc-maçon*, s'il est membre d'un Conseil municipal, de réclamer et de voter la suppression de toute allocation aux curés, vicaires ou des-
servants ; de surveiller la gestion des biens de
fabrique d'église et des biens curiaux ; de favoriser
uniquement l'enseignement laïque et d'interdire les
manifestations extérieures du culte.

« S'il est membre d'un Conseil général, de s'opposer à toute allocation en faveur de l'évêque, de la
mense épiscopale, des séminaires ou autres établissements diocésains, ainsi que des établissements
congréganistes, et de proposer *à chaque session* un
vœu pour la séparation des Églises et de l'État et
la suppression des congrégations religieuses.

« S'il est membre du Parlement, de voter la
suppression du budget des cultes, et des dépenses
afférentes aux cultes inscrites aux chapitres des différents ministères ; de voter la suppression de
l'ambassade auprès du Vatican ; de se prononcer, en toutes circonstances, pour la séparation des
Églises et de l'État, *sans abandonner les droits de
police de l'État sur les Églises ;* d'agir vigoureuse-

ment pour amener la suppression des établissements congréganistes, reconnus ou non, et la *liquidation de leurs biens* ; de s'opposer à ce que la loi militaire soit violée au bénéfice des séculiers ou congréganistes par le Ministère des Cultes et surtout par le Ministère des Affaires Étrangères ; enfin de réclamer *l'exclusion des élèves des congrégations* ou *des établissements ecclésiastiques* des écoles spéciales militaires, des grades dans l'armée et des emplois dans l'administration civile[1]. » L'école de la liberté ne demande rien de plus... du moins pour le moment.

Variations sur le même thème, avec ordres et menaces :

« Il est bon, disait en 1884 le garant d'amitié du Grand-Orient auprès du Suprême Conseil, il est bon que nous rappelions de temps en temps à ceux de nos frères *que notre confiance, parfois naïve, a placés à la tête des affaires de la République*, qu'ils doivent fidélité aux principes que réclame la maçonnerie et que leur strict devoir est de protéger ceux de nos frères qui luttent ou qui souffrent pour le triomphe de ces principes...

[1] Adopté. *Bull. officiel du Grand-Orient*, 1892 (p. 488-489).

« Si nous avons été indulgents, c'est que nous sommes avant tout des pacificateurs, des tolérants et parfois des dédaigneux. Mais *il ne faut pas abuser de nos vertus*, et nous devons rappeler, à ceux qui les oublient, leurs serments de solidarité, juger maçonniquement ceux qui, *arrivés par nous, et qui, sans la maçonnerie, ne* seraient rien, oublient ou dénigrent l'*Alma Mater*, et enfin prouver par l'intervention active des autorités maçonniques, auprès de ceux de nos frères à qui nous *avons donné autorité sur le monde profane*, que, lorsque nos adversaires touchent à un seul membre du corps maçonnique, immédiatement le *corps entier tressaille, prend la défense de l'attaqué*, répare le dommage causé et rend l'attaque *avec usure*[1]. »

Est-ce que cela ne nous rappelle pas certaine récente histoire où une autre collectivité, qu'on ne peut, paraît-il, pas nommer sans menacer toute l'économie de la société moderne, s'est crue visée, quand on a touché l'un des siens ? Si ceux dont je parle ont repoussé le mot de syndicat, les francs-maçons n'ont pas les mêmes scrupules.

« Nous avons organisé, dans le sein du Parlement,

[1] *Chaîne d'Union*, 1885 (p. 51).

un *véritable syndicat de maçons*, et il m'est arrivé, non pas dix fois, mais cent fois à moi-même, de grouper autour de moi, non pas seulement ceux qui étaient du Conseil, mais tous ceux qui appartiennent à notre Ordre dans le Parlement, d'avoir des lettres signées de cinquante ou soixante noms de maçons, et, grâce à ces signatures, d'obtenir des interventions extrêmement effectives auprès des pouvoirs publics, de faire rendre raison à des centaines de maçons [1]. »

Des zélés désirent qu'une loge soit constituée au Palais-Bourbon, sans doute pour espionner de plus près les frères députés, car certains — qui le croirait ? — ont parfois des velléités d'indépendance [2]. Ceux-là reçoivent des avertissements et, au besoin, des excommunications.

« Quand on a vu, à cette dernière assemblée Maç∴, dont les idées anticléricales se sont mani-

---

[1] *Bulletin du Grand-Orient*, 1888 ; p. 529.
[2] En attendant le Parlement maçonnique, les députés peuvent se faire la main en se groupant sous la forme maçonnique. « La L∴ *la Lumière du Nord* émet le vœu que le Conseil de l'Ordre prenne l'initiative d'adresser à tous les maçons membres du Parlement une lettre circulaire, les invitant à se grouper *sous la forme maçonnique*, pour rechercher et proposer les moyens d'arriver le plus promptement possible à la séparation des Églises et de l'État (*Assemblée générale du 13 septembre, Convent de* 1895 ; p. 306). Cette mesure est importante, car, l'année précédente, le Con-

festées avec tant d'énergie, qui a proclamé la nécessité d'engager une implacable lutte non seulement contre le clergé, *mais contre l'Église*, non pas seulement contre les abus de la religion, mais *contre la religion elle-même*, qui a déclaré les religions des instruments d'oppression et d'avilissement fondés non seulement sur l'erreur, mais sur le mensonge et le crime ; quand on a vu, dis-je, un maçon qui se donne pour libre penseur, un des orateurs les plus ardents de nos séances, *poser sa candidature en cachant qu'il avait, après plusieurs années de mariage, fait consacrer récemment son union par l'Église*, le Convent a bien fait, a été heureusement inspiré en exigeant que le Conseil soit en parfaite communion d'idées avec lui.

« Je suis d'accord avec nos FF.·. de l'Or.·. de Vienne que *tout homme politique et maçon est libre*

---

vent rappelait au Conseil de l'Ordre le vœu émis par le Convent de 1893, tendant à ce que tous les membres du Parlement francs-maçons soient réunis de temps en temps au Grand-Orient sous les formes rituéliques, pour y prendre connaissance des décisions d'ordre social prises par les assemblées maçonniques, afin qu'ils puissent, chacun en ce qui le concerne, soutenir, par tous les moyens possibles, ces décisions devant les assemblées électives et législatives.

.« Le Convent invite, en conséquence, le Conseil de l'Ordre à donner suite à ce vœu dans le plus bref délai possible. » (*Convent de 1894; Assemblée du 14 septembre;* p. 309-310.)

de choisir l'heure et les moyens de combattre notre éternel ennemi ; mais le Convent est, lui aussi, en droit de ne déléguer ses pouvoirs qu'aux hommes politiques qui prennent haut et ferme l'engagement de faire prévaloir les idées [1]. »

En revanche, on trouve aussi le serviteur docile, qui « a fièrement revendiqué d'être appelé un des fils les plus fidèles de la franc-maçonnerie, lui a rapporté tout l'honneur... et a solennellement renouvelé ses protestations de dévouement à la mère de son cœur et de son esprit [2] ».

La maçonnerie, toujours bonne fille, ne fait pas une obligation de ce lyrisme mystique. Plus prosaïquement au besoin, elle rappelle que « tous les francs-maçons (et ils sont nombreux), *qui ont dû au loyal concours de leurs frères, depuis quinze ans, leur élévation aux fonctions politiques les plus élevées,* et qui, depuis, ne se sont souvenus qu'ils étaient francs-maçons qu'au jour du renouvellement de leurs mandats, seront avertis que leur indifférence est un oubli de leurs engagements, et, dans une certaine mesure, une désertion d'un devoir sacré. » Elle trouve ailleurs que « c'est le moment (c'est toujours

---

[1] *Bulletin maçonnique,* 1893 (p. 34).
[2] *Chaîne d'Union,* 1881 (p. 370).

le moment) de faire appel à tous nos frères qui sont membres du Parlement et qui *doivent tout à la franc-maçonnerie dans leur élévation;* c'est le moment de leur rappeler qu'ils ont à montrer, par leur activité et leur dévouement, qu'ils étaient et sont dignes de la confiance de leurs frères, et à justifier leur confiance [1] ».

Quelques citations encore au hasard :

« Quand tous les hommes qui ont fait notre éducation politique tiennent la tête du pouvoir, notre devoir est de leur rappeler, *de bas en haut, du simple Conseil communal au Parlement, que les principes maçonniques sont les seuls qui doivent diriger un véritable frère, aussi bien dans la vie civile et politique qu'au milieu de nos modestes ateliers* [2]. »

Si les textes cités ailleurs pouvaient laisser quelque doute sur la résolution de la maçonnerie de chercher dans sa marche vers les partis extrêmes le moyen de continuer la politique de combat, insuffisamment couverte désormais par le pavillon d'une république suspecte de chercher la pacification, et désireuse de devenir le gouvernement de tous, la période

---

1 *Convent de 1885. Bulletin du Grand-Orient,* 1885 (p. 739); paroles du Président du Conseil de l'Ordre.

2 *Chaîne d'Union,* 1882 (p. 90).

qui correspond au Ministère Bourgeois suffirait à jeter sur ce point une éclatante lumière.

En décembre 1895, à l'occasion d'un banquet offert au F.·. Mesureur, l'un des membres du ministère que présidait M. Léon Bourgeois, le président de la Grande Loge symbolique disait :

« Vous trouverez tout naturel, mes FF.·., que, par un enchaînement logique, j'englobe dans le même toast le Gouvernement tout entier. Alors même que je voudrais me priver de toute incursion sur le domaine politique, alors que je voudrais me renfermer dans les limites maç.·., j'aurais le devoir de lui adresser notre fraternel salut.

« Depuis longtemps vous entendez nos adversaires clamer à tous les échos que la France est dans les mains de la franc-maçonnerie. *Ils avaient tort ; aujourd'hui ils peuvent le dire.* Le premier magistrat de la République, le F.·. Félix Faure, qui, dans sa correction constitutionnelle, n'a pas hésité à appeler aux affaires le parti radical, est de notre grande famille ; je n'aurais garde de l'oublier, alors qu'il est en butte en ce moment à des attaques odieuses qui ne méritent que le mépris. Ils sont aussi de la grande famille, tous les membres du Cabinet, à deux ou trois exceptions près. Quant à ces derniers, il me

suffira de citer comme ministre prof.·. (profane)
M. Berthelot, pour avoir le droit de dire qu'il ne leur
manque, pour être des nôtres, que la formalité de l'initiation. Oui, nous avons un gouvernement de francs-
maç.·. et de francs-maçons *dignes de ce nom*, c'est-
à-dire des hommes élevés à notre grande école de
discipline, de *liberté*, de *justice*, de *tolérance* et de
probité.

« La naissance du Ministère actuel a été un soulagement profond pour toutes les consciences républicaines. Pour la première fois, nous possédons un gouvernement *vraiment*, entièrement démocratique... »

Et pour la première fois peut-être, le journal que
les mauvaises langues qualifient ministériel par
destination, *le Temps*, *le Temps* lui-même prend
ombrage, *le Temps* lui-même craint le Ministère
pour la liberté ; il faut avouer que certains projets
ne manquent pas de saveur, par exemple celui de
fonder à l'Élysée une loge dont « le vénérable est
tout indiqué » (et le nom aussi : la Vénérable Inquisition parlementaire), « sous forme d'un Parlement
maçonnique, qui surveillerait celui qui n'est que le
Parlement français ».

Au surplus, voici en quels termes *le Temps*
signale ces propositions suggestives :

« Hier soir a eu lieu, au Grand-Orient de France, la fête solsticiale d'hiver de la loge *la Justice*.

« Après un concert, un banquet a réuni deux cent cinquante frères et profanes. La présidence de cette solennité qui, les années précédentes, était réservée à M. Charles Floquet, avait été offerte, cette année, au colonel Sever, député du Nord.

« A la table d'honneur avaient pris place autour de lui : M. Rocher, vénérable de la loge; tous les anciens vénérables: MM. Opportun, conseiller municipal ; Berger, secrétaire général du Grand-Orient; Edgard Monteil ; Leconte, député ; Delpech, sénateur ; Tinière, président de l'Orphelinat maçonnique; Nicolas, chef de cabinet adjoint du Ministre des Finances.

« Au dessert, le secrétaire excuse « le frère Léon Bourgeois », président du Conseil, qui accompagne « le frère Félix Faure » en voyage, et tous les Ministres, ainsi que « le frère Lucipia », parti en Belgique pour célébrer, à Mons, le cent soixante-quinzième anniversaire de la loge de cette ville fondée par le Grand-Orient.

« Puis le colonel Sever prend la parole et conseille à tous les républicains de s'unir pour maintenir le Ministère.

« Nous assistons, dit l'orateur, à ce spectacle, que droitiers et modérés sont unis pour renverser le Ministère *républicain*. Mais vous vous rappelez toutes les adresses de félicitations qu'il a reçues. Ces témoignages parlent plus haut que toutes les manifestations de commissions du budget quelconques. »

« Le colonel Sever termine en demandant l'institution d'un Parlement maçonnique, siégeant en permanence à côté de l'autre Parlement, et prêt à *parer à tous les dangers.*

Après lui, M. Tinière, membre du Conseil de l'Ordre, déclare que, « si le Conseil de l'Ordre venait à disparaître, il pourrait être remplacé par le Conseil des Ministres ». Il ajoute :

« En un mot, la situation est *exceptionnelle pour les maçons*. On pourrait fonder une loge à l'Élysée, le nombre des maîtres serait suffisant, le vénérable serait tout indiqué. »

« L'orateur conclut en disant que le Conseil de l'Ordre doit soutenir le Ministère et qu'il n'y faillira pas [1]. »

D'ailleurs le journal du protestantisme universitaire ne se borne pas toujours à ce rôle de platonique

---

[1] *Le Temps*, 3 mars 1896.

information, et ses colonnes ont, sous le Ministère radical, donné asile à plus d'une vigoureuse polémique, à plus d'une ironique critique du cléricalisme maçonnique, qui s'étalait alors avec une candeur surprenante ou un cynisme révoltant [1].

C'est, comme le fait remarquer un journal du soir, « la première fois, croyons-nous, qu'un Gouvernement sollicite ouvertement, d'une société dont l'existence n'est pas légalement reconnue, un concours qui, en tout autre temps, serait regardé comme factieux » ; peut-être cela tient-il à ce que ce ministère

---

[1] A l'occasion de sa fête solsticiale, la Loge *Les Vrais Amis* donnait hier un banquet au Grand-Orient, sous la présidence de M. Guieysse, ministre des colonies. M. Guieysse a dit : « Les francs-maçons sont en majorité dans le Ministère, et quant à moi je n'ai jamais été aussi actif dans la maçonnerie que depuis que je suis membre du Gouvernement... Appuyés par un courant d'opinion publique, nous essayerons, mes collègues et moi, d'appliquer toujours les principes de la franc-maçonnerie et d'arriver ainsi aux réformes que réclame la République. » Les convives ont voté un ordre du jour réclamant la suppression du Sénat... On peut se demander si cela est bien conforme aux usages parlementaires... Il va de soi que nous ne reprochons à personne d'être franc-maçon, nous comprenons la liberté de conscience... Mais on nous pardonnera d'éprouver quelque surprise à voir un membre du Gouvernement attacher ainsi une cocarde *quasi confessionnelle* à son chapeau... Déjà nous avions eu à Châlons « le Ministère socialiste » avec M. Mesureur ; M. Guieysse nous gratifie à présent « du Ministère maçonnique »... (*Le Temps*, 20 avril 1896.)

le « seul depuis 1871 » qui « ait eu le courage de
mettre ses actes d'accord avec ses paroles en pratiquant franchement la politique républicaine », comme
l'entend la tenue solennelle d'une vénérable Loge
réunie en avril 1896 au Grand-Orient.

Nous regrettons de ne pouvoir multiplier ces citations, de ne pouvoir que rappeler le voyage signifi-
catif que fit à Rome quirinale M. Bourgeois, qui ne
fraternise pas, lui, avec « les souverains étrangers »,
quand il s'agit du souverain spirituel de Rome vati-
cane ; mais ces choses sont assez récentes pour être
présentes à tous les souvenirs[1].

Il est donc hors de doute que c'est la franc-maçonnerie « qui, poussant le parti radical, donne le change
au pays et compromet le principe républicain, sur
lequel elle laisse retomber la responsabilité de la
guerre religieuse dont elle est seule l'inspiratrice ».

« Or, ou bien le pays veut cette guerre, et dans ce
cas il est absurde que la franc-maçonnerie se cache
pour faire ce qu'il désire ; ou bien il veut la paix, et
alors il est inique que ceux-là qui continuent les

---

[1] Quiconque prend son mot d'ordre politique à Rome sert par
là même un autre maître que la souveraineté nationale. (*Tonnerre d'applaudissements.*) Discours de M. Hubbard. — *Compte
Rendu du convent de* 1897 (p. 290).

hostilités malgré lui jouissent d'une situation privi-
légiée leur permettant d'éviter sa critique et d'échapper à son jugement[1]. »

Il est hors de doute également que tout est bon
pour perpétuer cette guerre, la République du centre
gauche ou celle qui mène au pays où « les années
comptent plus que double ». Qu'on libère le territoire envahi, qu'on reconstitue l'armée, le trésor, la
confiance et le prestige national, ou qu'on fasse
« flamber finances » pour éclairer la chasse à courre
aux religieux sur les boulevards extérieurs ou le
massacre des gendarmes, ce sont là choses secon-
daires. Quand la guerre à la liberté va, tout va.
Comme dit quelque part la bonhomie légendaire de
Jean Macé : « C'est de la politique sur laquelle nous
sommes tous d'accord. La limite est affaire de tact
et de bon sens[2]. »

[1] Copin-Albancelli, *la Franc-Maçonnerie et la Question
religieuse* (p. 10).
[2] *Congrès de la Ligue de l'Enseignement ;* 1883.

VI

LA FRANC-MAÇONNERIE, ÉCOLE DE TOLÉRANCE,

DE LIBÉRALISME ET DE DIGNITÉ

Tous les esprits modérés seront heureux d'apprendre, de la bouche de Félix Pyat, croyons-nous, que « la franc-maçonnerie est l'Église de la Révolution »; c'est plus clérical, mais on voit plus clair dans cette Église que dans le « laboratoire[1] » d'Henri Martin.

L' « Église de la Révolution » a ses théologiens, ses docteurs, ses rites, voire même sa doctrine, qui est surtout, pour commencer, la destruction de l'autre Église. Elle a aussi ses précurseurs, et c'est le plus illustre d'entre eux qui écrivait :

---

[1] *La Franc-Maçonnerie est le laboratoire de la Révolution* (cité dans le *Memorandum* du Suprême Conseil, année 1888, n° 68, p. 38) (Henri Martin).

« La religion chrétienne est une religion infâme, une hydre abominable, un monstre qu'il faut que cent mains invisibles percent... ; il faut que les philosophes courent les rues pour la détruire, comme les missionnaires courent la terre et les mers pour la propager. Ils doivent tout oser, tout risquer, jusqu'à se faire brûler pour la détruire. Écrasons, écrasez l'infâme [1] ». Et voici de récents commentaires spécialement dédiés à ceux qui, du côté des sectaires, après Gambetta et Ferry, prétendent distinguer entre le cléricalisme et la religion : « Oui, nous « devons écraser l'Infâme, mais l'Infâme ce n'est pas « le cléricalisme ; l'Infâme c'est Dieu [2]. »

« La distinction entre le catholicisme et le cléricalisme est purement officielle, subtile, pour les besoins de la tribune ; mais ici, en loge, disons-le hautement pour la vérité, le catholicisme et le cléricalisme ne font qu'un [3]. »

Dans cet ordre d'idées, on n'a que l'embarras du choix, ce n'est pas un bouquet, c'est une botte que

---

[1] Voltaire.

[2] Le 13 mars 1881, fête solsticiale donnée par *la Clémente Amitié* (Discours du F∴ de Lanessan (*Monde maçonnique*), (avril 1881 ; p. 503).

[3] *Chaîne d'Union* (juillet 1880 ; p. 199).

l'on peut faire. Au hasard, voici une proposition au Convent de 1893 (12 septembre) :

« Le Convent de 1893, fidèle aux doctrines anti-cléricales et humanitaires de la F.·.M.·., désireux de voir le Conseil de l'Ordre donner à toutes les LL.·. de l'Obédience une impulsion énergique, propre à amener la réalisation, depuis si longtemps souhaitée, des réformes nécessaires, le charge d'organiser sur toute l'étendue du *territoire de la République une agitation pacifique destinée à permettre enfin l'écrasement du cléricalisme*, par l'application intégrale des lois scolaires, militaires, la vulgarisation des lois destinées à amener la séparation des Églises et de l'État, la suppression *pure et simple des congrégations, et le retour de leurs biens à la nation...* »

Voici encore les vœux n°s 24 et 25 du même Convent (1893), tendant à la suppression, dans les programmes d'enseignement primaire, de l'obligation pour les instituteurs de faire, pendant deux mois, mai et juin, et trois fois par semaine, des conférences sur les preuves de l'existence de Dieu (séance du 16 septembre).

Puis, comme la franc-maçonnerie est l'école de la plus pure tolérance, « aucun franc-maçon ne pourra être élu membre du Conseil de l'Ordre, s'il n'a, au préalable, pris l'engagement écrit de ne recourir ni pour lui, ni pour ses enfants mineurs, aux pratiques des cultes religieux [1] ». Ailleurs on nous annonce cette nouvelle que le rôle de la franc-maçonnerie est de faire disparaître les croyances et les superstitions, pour supprimer ainsi la puissance du prêtre.

Voici maintenant qu'il faut retirer au peuple toute espérance et toute consolation, en attendant le jour, où la Révolution amènera l'Eden. Certains FF∴ ont eu la bonté de nous prévenir que ce jour-là on les retrouverait prêts à inaugurer par les mêmes prouesses qu'en 1871 l'ère de la fraternité universelle ; mais, d'ici là, il faut semer la douleur et la haine.

« Tant qu'il y aura un sacerdoce qui amusera les nations avec des espérances fallacieuses pour lui faire supporter la tyrannie des rois, des financiers et des exploiteurs, nous serons destructeurs, nous serons révolutionnaires [2]. »

N'est-ce pas là le secret du culte passionné pour la République, jusqu'au jour de l'adhésion des catholiques à la forme républicaine, et de l'évolution vers le socialisme, quand le monde socialiste s'est trouvé

---

[1] *Convent de* 1893. Projet d'addition à l'article 28 de la Constitution. Séance du 13 septembre 1893 ; p. 376.
[2] *Chaîne d'union* (1887 ; p. 15).

le seul refuge encore indemne de toute promiscuité compromettante ? Ouvrez les oreilles, amis de la conciliation qui avez savouré les paroles de paix où Gambetta rassurait le clergé séculier.

« L'Église, redoutable encore, s'agite dans les convulsions de l'agonie ; mais, malgré sa force apparente, elle est condamnée à perdre peu à peu toute influence sur les sociétés humaines. Déjà on peut prévoir le temps où elle rentrera dans les ténèbres, d'où elle n'aurait jamais dû sortir, pour faire place aux idées de la Révolution, dont le triomphe assurera le règne de la justice sur la terre. » Il s'agit probablement de la justice sommaire. C'est sans doute sur les places publiques que l'on permettra aux séculiers l'exercice du culte, puisqu'il faut s'attendre à ce que les francs-maçons occupent toujours les « édifices élevés de toutes parts, depuis des siècles, aux superstitions et aux suprématies sacerdotales ; nous serons peut-être appelés », disent-ils, « à prêcher nos doctrines, et au lieu des psalmodies cléricales qui y résonnent encore, ce seront les maillets, les batteries et les acclamations de notre Ordre qui en feront retentir les larges voûtes et les larges piliers [1] ». Mais à quoi bon mul-

[1] Convent de 1883 : *Bulletin officiel* (p. 645).

tiplier les citations? Si nous proposions la liberté
à la doctrine maçonnique, en lui demandant en
échange de respecter la liberté des autres doctrines,
sans plus exiger que ne concède la Déclaration des
« Droits de l'homme », sa réponse serait simple;
elle est faite d'avance et, pour être multiple, n'en
présente pas moins la plus parfaite unité.

Nous avons ouï parler dans la famille, au temps
de notre extrême jeunesse, d'un vieux brave, grand
admirateur du « grand Empereur » *son cousin* (il était
lui-même d'origine corse), républicain ardent d'ailleurs, puisqu'à l'époque à laquelle remontaient ses
admirations les deux convictions allaient volontiers
de pair.

« Les opinions sont libres, disait ce simple politique en soufflant fortement dans les broussailles de
sa moustache; certainement les opinions sont libres
(nouvelle tempête); n'empêche que, s'il y avait en
France 30.000 républicains comme moi, avec un
grand sabre, nous couperions la tête à tous ceux qui
ne pensent pas comme nous. »

La sincérité certaine de ce brave homme nous
semble la seule différence entre les façons dont
lui et la franc-maçonnerie interprètent la liberté.
N'est-ce pas l'écho de sa doctrine qui, avec moins

de pittoresque, se retrouve dans cette simple phrase :
« Pas une œuvre ne doit échapper à la direction
maçonnique[1]... ? »

« Nous sommes tous ici, maçons, des républicains
militants, des élites, des intelligences, qui portons
tous nos efforts, toutes nos énergies pour faire
triompher nos idées. Eh bien ! à l'heure actuelle,
nous n'emportons pas le morceau, et il faut que cela
soit. Eh bien ! si la maçonnerie veut s'organiser, non
pas sur le terrain des théories, mais sur le terrain
intellectuel qui nous préoccupe, je dis que dans dix
ans d'ici, la maçonnerie aura emporté le morceau, et
*que personne ne bougera plus en France en dehors de
nous*[2]. » Est-ce clair ? L'ordre régnera en France,
comme jadis à Varsovie.

La réalisation d'un aussi beau rêve ne va pas
sans exiger quelques mesures préparatoires.

Notre pensée n'est pas de trouver mauvais que
des groupes de citoyens étudient des questions
d'ordre public, tirent des conclusions, et étudient
des projets de lois, voire même s'en entretiennent
avec leurs élus. Le mandat défini était, en somme,

[1] *Compte Rendu officiel du Congrès maçonnique de Nantes*
(29 mai 1885 ; p. 25).
[2] *Bulletin du Grand-Orient* (1890 ; p. 501).

celui des députés aux États de l'ancien régime, et, si ce n'est point ici le lieu de parler des différentes sortes de mandats, celui-ci n'a rien qui nous offusque ; mais tout est dans la manière de faire. Autre chose est d'étudier, de discuter et de formuler le mandat confié aux mandataires, autre chose de les mener à la férule et de leur imposer, sous peine de déchéance, l'ordre de concentrer, sans souci de leur propre dignité, comme sans souci de la liberté ni de la justice, toutes les forces vives d'une nation de 35.000.000 d'âmes, à beurrer l'assiette et à satisfaire la mauvaise humeur des 25.000 sectaires d'une coterie complaisamment avide et volontairement échauffée.

Nous avons vu la part faite à la dignité du représentant ; celle qu'on réserve à la liberté de l'électeur n'est pas meilleure.

« La L.·. considérant que le Gouvernement de la République a le devoir de supprimer les pensions accordées aux serviteurs des régimes déchus....

« Invite les FF.·. membres du Parlement à voter la suppression de ces pensions scandaleuses à la prochaine discussion du budget [1].

Voilà pour ceux qui ont eu le malheur de servir

---

[1] *Compte Rendu du Convent de* 1897 (p. 199).

la France avant le régime de la « vraie » République, où les pensions héréditaires n'avaient pas été inventées pour les créatures chéries des loges.

« Toutes les libertés ne sont pas respectables. Est-ce une liberté réelle que celle qui est réclamée par une secte religieuse pour dominer la société laïque ? »

Voilà pour la liberté de ceux qu'il sera toujours loisible de définir : secte religieuse aspirant à dominer la société.

« La respectable loge *l'Encyclopédique*, Orient de Toulouse, considérant que le cléricalisme, qui plus que jamais relève la tête audacieusement, constitue un véritable danger politique et social, émet le vœu que toutes les loges de France se joignent à elles pour demander au Grand Conseil de l'Ordre de faire le nécessaire afin d'obtenir du Parlement que les lois régissant les associations religieuses soient appliquées, édifiées ou modifiées conformément au désidérata suivants :

« ARTICLE PREMIER. — Toutes les congrégations, communautés ou associations religieuses quelconques d'hommes ou de femmes, autorisées ou non autorisées, actuellement existantes, seront dissoutes, et leurs biens, meubles ou immeubles, feront retour à l'Assistance publique.

« ART. 2. — Aucune association religieuse, sous quelque dénomination que ce soit, ne pourra se former ni en fait ni en droit dans toute l'étendue du territoire français.

« ART. 3. — Tout citoyen français qui se déclarerait propriétaire de couvents, maisons, chapelles, terres, biens, meubles ou immeubles servant à des congrégations et associations religieuses, devra, dans le délai de trois mois à partir de la promulgation de la loi : 1° faire valoir ses titres de propriété sous peine de voir lesdits biens revenir à l'État pour être reversés à l'Assistance publique; 2° expulser des locaux et biens susdits les membres des congrégations dissoutes qui déclareraient vouloir y habiter individuellement ou non. Par le fait de la présence des ex-congréganistes dans ces mêmes locaux et biens, lesdits biens et locaux seraient réputés propriétés des congrégations dissoutes et confisqués comme tels, par la société laïque [1] ? »

Voilà pour l'édification de ceux qui pourraient concevoir à la façon de la démocratie américaine la liberté et le droit commun.

On connaît le projet Pochon, tendant à interdire

[1] COPIN-ALBANCELLI, *la Franc-Maçonnerie et la Question religieuse;* p. 35.

l'entrée de toutes les carrières de l'État aux élèves des écoles libres.

Voilà pour la liberté d'enseignement !

Nous renvoyons le lecteur aux vœux ou propositions innombrables contre les congrégations. Voilà pour la liberté d'association, cette liberté naturelle par excellence en faveur de laquelle la loi des syndicats de 1884 n'a qu'une insuffisante sanction, cette aspiration humaine et sociale entre toutes, dont la Révolution individualiste avait fait un crime capital !

Au surplus, la maçonnerie sait toujours se tirer avec désinvolture des accusations indiscrètes et des scrupules naïfs. Par une sorte de théorie renouvelée de celle du célèbre sabre, tout est pour elle bon à défendre et au besoin à combattre. Tout dépend de sa situation dans l'opposition ou au pouvoir.

« Le projet Pochon *est contraire à la liberté absolue*, mais nous, francs-maçons, sommes-nous des libertaires ?... » (Il y en a qui le prétendent.) « Non, nous sommes des sectaires, mais des sectaires qui veulent avant tout le salut de la République ; *quels que soient les moyens* que nous emploierons pour la sauver, cette République, *nous les trouverons bons*. Par conséquent, que le projet soit contraire ou non

à la liberté, je vous dis : Votez le vœu sans hésitation [1]. »

Et voilà pour la liberté en général et à l'adresse
de tout le monde !

Un corollaire s'imposait. Que faire, si quelqu'un,
s'avisant de « bouger » en dehors de la franc-maçonnerie, réclamait des tribunaux la protection qu'il
croit due à sa personne et à sa liberté ? Rien de plus
simple. Ce sont les frères belges qui fournissent la
recette facile à naturaliser. On s'adressera « aux
tribunaux dans lesquels nos frères sont assurés de
la majorité [2] ; ceux-ci se rappelleront de leur côté
que les principes maçonniques sont « les seuls »
qui doivent guider leur conduite; dès lors, la conclusion est évidente. C'est l'âge d'or !

---

[1] *Bulletin du Grand-Orient* (1891; p. 433).
[2] « Il faut engager tous ces procès devant les tribunaux dans
lesquels nos frères sont assurés de la majorité. » *Bulletin du
Grand-Orient de Belgique;* vol. II, p. 19 (*Compte Rendu d'une
séance plénière*, le 26 mai 1876).

VII

LA FRANC-MAÇONNERIE

ET LA « VRAIE » RÉPUBLIQUE

Un dernier point nous reste à préciser dans cette revue courte, rapide, incomplète. Ne semble-t-il pas acquis, du moins, que la franc-maçonnerie est la personnification de la République et l'incarnation de la démocratie ? La République n'est-elle pas l'idéal dont le culte, préparé de longue date, défie tous les orages et toutes les défaillances ?

A coup sûr, la franc-maçonnerie a de tous ses efforts contribué à faire la République et à défendre ses premières années; reste à savoir si la République est l'objet de ses aspirations ou l'instrument de ses projets :

« A la réunion du Grand-Orient, où fut fondée, au temps du boulangisme, la Société des Droits de l'homme, Chabert, au nom du parti ouvrier, dit cette forte parole : « La République est pour nous l'outil indispensable. » C'est un frère non suspect qui fait cette réflexion dans *le Matin*. Elle nous résume tout le républicanisme de la franc-maçonnerie. Certes les précurseurs de la Révolution avec laquelle la secte s'identifie avec tant de complaisance, semblaient se fort peu soucier des préoccupations démocratiques, et Louis Blanc peut émettre cette opinion que « la franc-maçonnerie trouva dans les princes et les nobles moins d'ennemis que de protecteurs [1] », tandis que Sainte-Beuve, encore un témoin non suspect, nous fait remarquer que « toute la correspondance de Voltaire et de d'Alembert est laide ; elle sent la secte et le complot, la confrérie et la société secrète ; de quelque point de vue qu'on l'envisage, elle ne fait point honneur à des hommes qui érigent le mensonge en principe et qui partent du mépris de leurs semblables comme de la première condition pour les éclairer...

« Triste mot d'ordre que le leur [2] ! » De nos jours, sans aller plus loin, où trouver une plus cordiale entente qu'entre la franc-maçonnerie italienne et la

[1] Louis BLANC, *Histoire de la Révolution* (t. II, p. 82).
[2] *Journal des Débats*, 8 novembre 1852.

monarchie de la maison de Savoie? Dans la pénin-
sule, c'est la monarchie qui est « l'outil ». Là où
la monarchie est l'ennemie déclarée de la Papauté,
la franc-maçonnerie ne parle pas de la République.

En France, au contraire, le prestige du mot est sa
plus puissante réclame.

« La préoccupation constante de la maçonnerie a
toujours été d'amener, dans l'ordre politique, l'avènement de la forme républicaine, et, dans l'ordre
philosophique, le triomphe de la libre pensée... On
peut dire qu'elle n'a jamais failli à sa mission et
qu'elle est parvenue à remplir une partie de sa
tâche, car elle a puissamment aidé à fonder la République en France... Est-ce à dire que l'*organisation actuelle de la République* réponde à tous ses
vœux? Non certes!... Tout au moins la maçonnerie
tient-elle passionnément à conserver le moule républicain, qui seul, par son élasticité et son prestige,
peut se prêter aux transformations successives et
assurer le résultat si péniblement poursuivi[1]. »

Il suffit de jeter un coup d'œil sur les listes qui
donnent les noms de ses adhérents, pour s'assurer
que la franc-maçonnerie n'a, par goût, aucune des

[1] *Bulletin maçonnique* (décembre 1890, pp. 229-230).

préoccupations démocratiques inséparables de l'idée républicaine. Ce n'est qu'à la suite de l'évolution socialiste dont nous avons déjà parlé en indiquant ses motifs, imposée par la nécessité de porter ailleurs que sur le terrain d'une république acceptée, la bataille antireligieuse, que le prix des cotisations, tout récemment réduit, permit au peuple de pénétrer dans le sanctuaire « d'élaboration » des lois « bien faites ».

L'auteur déjà cité s'exprime sur ce point avec son ordinaire précision :

« Sur neuf millions et demi d'électeurs, il n'y en a pas vingt-cinq mille pour porter le tablier et enjamber le cadavre d'Hiram. Par cette seule raison, la franc-maçonnerie ne peut prétendre représenter les masses profondes du peuple, dont elle prend d'ailleurs si grand soin de se cacher au fond de ses temples.

« Elle refuse de recevoir des ouvriers comme adhérents ; elle leur ferme ses portes en leur opposant des droits d'entrée qu'ils sont dans l'impossibilité de payer...

« Comme on n'est maçon complet qu'à la condition d'être maître, c'est donc au minimum 100 francs à verser pour quiconque veut entrer dans la franc-maçonnerie. Dans certaines loges c'est même beaucoup plus.

« Ces taxes sont indépendantes des droits à payer au Grand-Orient pour les diplômes, brefs ou patentes, ainsi que du prix de l'exemplaire de la constitution et du règlement général, qui doit être remis à tout apprenti, lors de son initiation.

« Le montant annuel des cotisations (art. 141) ne peut être moindre de 18 francs dans les loges.

« J'ai donc raison d'écrire que, par le fait même des dépenses qu'entraîne l'initiation, le peuple se trouve exclu de la franc-maçonnerie.

« L'article 139 permet aux ateliers d'abaisser les taxes ci-dessus à la moitié du minimum en faveur des lowton (fils de franc-maçon), des militaires de terre et de mer et des membres du corps enseignant, soit en activité de service, soit en retraite. Quant aux ouvriers, il n'en est pas parlé. La franc-maçonnerie ne les appelle pas au bénéfice de ces réductions qu'elle accorde à d'autres. Elle ne veut pas faire d'exception en leur faveur, et les portes des temples leur demeurent fermées.

« Pour admettre sans protester des pratiques si puériles et si inutiles, il faut avoir déjà perdu quelque chose de ce robuste bon sens populaire et être parvenu au moins aux échelons inférieurs de la bourgeoisie. Il est infiniment probable qu'un brave homme d'ouvrier ne pourrait lire sérieusement les catéchismes maçonniques et qu'il se tiendrait les côtes de rire, s'il voyait une demi-douzaine de nos farouches députés radicaux, le président de la Chambre en tête, entrer dans une réunion de « vénérables maîtres » en s'emboîtant le pas, comme il est d'usage, pour exécuter la danse d'Hiram...

« La raison véritable, mais soigneusement cachée, pour laquelle la franc-maçonnerie française exclut le peuple de ses réunions est que cette association a toujours été essentiellement bourgeoise. A plus forte raison maintenant qu'elle est aux mains des politiciens...

« Tandis que la bourgeoisie riche se sert, pour arriver à jouer les premiers rôles, de son argent et de l'instruction supérieure, qu'elle peut, grâce à lui, donner à ses fils, la bourgeoisie besogneuse, celle qui, parvenue à s'élever au-dessus de la classe ouvrière, aspire à monter plus haut, se sert de la franc-maçonnerie dont elle a réussi à faire sa place d'armes. Place excellente d'ailleurs et parfaitement adaptée aux conditions actuelles de la lutte politique.

« Avec son organisation habile, sa constitution

parlementaire, la police de ses réunions, dans lesquelles chacun peut prendre la parole avec certitude de n'être pas interrompu et acquérir ainsi la pratique suffisante de cette arme politique moderne : le bavardage ; avec les liens qu'elle crée entre ses membres et par lesquels elle maintient les uns dans la dépendance des autres ; avec le secret dont elle s'entoure, secret qui lui évite les dangers d'une responsabilité publique et qui, en outre, déroute ses adversaires, leur fait prendre le change et leur masque les vrais points d'attaque, avec surtout la fausse réputation que lui donne son ancienne situation de société philosophique, philanthropique et progressive, la franc-maçonnerie offre des moyens d'actions merveilleux à la partie turbulente et ambitieuse de la petite bourgeoisie qui, n'étant ni assez riche pour se créer une clientèle électorale, ni assez intelligente et instruite pour s'imposer au choix du peuple, serait sans elle condamnée à la plus complète impuissance.

« Faire entrer le peuple dans cette forteresse, c'est une naïveté que les petits bourgeois politiciens ne commettront pas. Ils auraient trop peur qu'il ne s'en emparât et qu'il ne les en expulsât, comme eux-mêmes en ont expulsé les philosophes et les penseurs...

« Or la caractéristique des politiciens, c'est qu'ils s'occupent toujours d'eux-mêmes lorsqu'ils semblent s'occuper des autres. N'attendez pas que les vrais principes de la démocratie, qui sont des principes de dévouement, germent en eux. Il y a à cela une impossibilité logique et fondamentale, dérivée de leur nature même. Ces principes, vous les pouvez trouver chez des catholiques, le christianisme étant un terrain dans lequel l'esprit de sacrifice prend tout naturellement racine. Chez les politiciens, jamais. Ou bien c'est que les lois de la nature seraient renversées et que les loups aimeraient les agneaux autrement que pour les manger.

« ... La franc-maçonnerie politicienne a eu jusqu'ici la bonne fortune d'occuper sur le champ de bataille social une situation telle qu'en combattant pour son intérêt elle a pu se donner l'apparence de combattre pour le peuple. Elle montait, comme lui, à l'assaut des vieux privilèges qui n'avaient plus leur raison d'être. Mais aujourd'hui qu'elle s'est emparée d'une partie de ces privilèges et qu'elle en jouit, elle est obligée par cela même de défendre ce que le peuple, de son côté, doit forcément persister à attaquer.

« Et c'est pour cela que, loin de représenter le

peuple et d'être son mandataire, elle est, de plus en plus, condamnée à devenir son ennemi[1]. »

L'intérêt que les maçons ont de confondre leur œuvre avec celle de la République aux yeux d'un peuple épris de la forme républicaine est trop évident pour qu'il y ait lieu d'insister ; il faut s'attendre à les voir jouer mille variations sur ce thème.

En 1895, c'est notre ami Louis Lucipia, président en fonction du Grand-Orient de France, qui nous dit :

« Depuis quelque temps, un esprit nouveau semble renaître en France, remplaçant l'esprit nouveau qui nous avait tant inquiétés... A la tête du Gouvernement, il n'y a pour ainsi dire que des francs-maçons, non pas de ces francs-maçons qui, un jour, ayant reçu la lumière, ont oublié ensuite le chemin de nos ateliers, mais des francs-maçons qui sont restés des frères fidèles et dévoués... Aussi, qu'on ne s'y trompe pas ! On dit partout maintenant que nous ne sommes pas en « République », que nous sommes en « franc-maçonnerie » ; le mot est de l'évêque Gouthe-Soulard. Eh bien ! il aurait raison, cet évêque, si « franc-

[1] COPIN-ALBANCELLI, *la Franc-maçonnerie et la Question religieuse* (p. 166 et suivantes).

maçonnerie » et « République » n'étaient pas précisément la même chose[1]. »

Ailleurs, on nous affirme que « la franc-maçonnerie n'est autre que la République à couvert, comme la République elle-même n'est autre chose que la franc-maçonnerie à découvert[2] » ; mais, en dépit de ces affirmations répétées, on sent dans les loges avec fureur ou mélancolie le danger de voir « les prêtres confisquer la République » et la nécessité de distinguer République et République. La nécessité même de distinguer la « vraie république » de l'autre[3] cache mal l'obligation où l'on se trouve de subir une conception non maçonnique, voire antimaçonnique de la République. Il faut en rabattre aujourd'hui ; l'on est loin du temps où Anatole de la Forge écrivait : « Il est impossible que l'on aime la République sans aimer un peu la maçonnerie[4]. » Qui n'en connaît à foison des républicains prêts à faire au cléricalisme maçonnique une guerre sans relâche ? Avec ces républicains, ces intrus, qui prétendent mettre,

---

[1] Fête de la loge *la Fraternité des peuples ;* 14 décembre 1895.

[2] Discours du F.·. Gadaud au Convent de 1894. *Bulletin officiel* (p. 389).

[3] « Il nous faut, non pas la République de ceux qui veulent faire marcher la France, mais la vraie République (Le F.·. Dequaire au Convent de 1895, *Bulletin officiel*, p. 385).

[4] *Bulletin maçonnique* (juillet 1894 ; p. 165).

sans la brûler, parce qu'ils l'aiment, de l'ordre dans la maison qu'on croyait au pillage, les francs-maçons sont forcés d'accepter une guerre qu'on vient porter au cœur même de leur fief politique ; nous comprenons que ce ne soit pas sans une grande douleur et une profonde amertume. Au lieu du triomphe, c'est encore la lutte. Avec quelle mélancolie ils ont reconnu au premier rang de leurs ennemis des amis sincères de la République et de la démocratie, prêts à les battre avec leurs propres verges et résolus à apprécier, eux aussi, l'élasticité du moule précieux qu'eux aussi ne veulent pas détruire. Au moment où le succès paraissait assuré, n'est-il pas douloureux de voir reparaître l'incertitude des batailles, à tout le moins, hélas ! l'ajournement de la curée ?

VIII

LA FRANC-MAÇONNERIE ET LE PATRIOTISME

On a beaucoup parlé de l'internationalisme de
la franc-maçonnerie, du peu de patriotisme des
frères.·. ; cette question est particulièrement délicate. Sur le terrain du patriotisme, on va difficilement à l'encontre des sentiments individuels, ceux-ci
sont personnels et souvent chatouilleux. Il semble
que certains francs-maçons condamnent la patrie
comme une de ces institutions surannées qui font
partie du bagage de superstitions traitées de si haut
par la secte, tandis que d'autres, ainsi que le veut le
dualisme d'opinions constant dans les adeptes de la
F.·. M.·., font de la patrie l'idole rivale de la foi ;
de la patrie, des patriotes de la Révolution, une des
pièces de l'héritage sacré de 89 et, pour ceux-là, le
militarisme est chose sacro-sainte, étant le culte
extérieur de l'idole intangible.

On conçoit la réserve des chefs en présence de ces deux tendances contraires. Aussi n'est-ce pas, dans cet ordre d'idées, à des textes précis, à des déclarations sensationnelles, sûres de l'unanimité des croyants, qu'il faut demander l'orthodoxie maçonnique. Il faut se résigner à lire entre les lignes et, comme c'est besogne toujours délicate, le rôle de l'adversaire loyal ne peut guère que se borner à signaler les lignes à travers lesquelles chacun peut exercer son flair et sa perspicacité.

Est-ce que M. Clémenceau n'a jamais émis le désir de voir la Corse revenir à l'Italie? Est-ce que cela ne ferait pas partie du plan d'occidentalisme, de cette action d'ensemble de l'Angleterre, de la France et de l'Italie, dont la conception se sent plus qu'elle ne se peut prouver et ressort des efforts de certains hommes d'État des trois nations occidentales? Plusieurs indices sont dignes d'intérêt. Les rapprochements tentés du côté de l'Allemagne par la politique de Jules Ferry et faits pour éloigner à jamais l'alliance russe sont du nombre, comme aussi la persistance et parfois la violence avec laquelle les tendances russophiles sont dénoncées dans certaines assemblées maçonniques.

A propos de patrie, il y a quelqu'un qui chiffonne

bien la franc-maçonnerie : c'est Jeanne d'Arc. Ce
personnage est visiblement gênant. Il est populaire,
par conséquent il faut le ménager ; c'est comme
l'alliance russe, ce troupeau de bœufs qu'on appelle
le peuple, quand on ne peut pas l'appeler la
« canaille » (voir les épanchements de Voltaire), ce
troupeau ne va pas toujours comme on veut ; le pays,
la bannière, le drapeau, cela prend toujours, et vou-
lût-on ranger Jeanne d'Arc avec le général Boulan-
ger au nombre des rengaines cocardières, le caractère cocardier de la foule est précisément la difficulté
à vaincre. Que si on rabâche à ce bon peuple que
son héroïne était une cagote et une hallucinée, si
libre penseur qu'il soit, ou qu'il croie être, il n'en
veut pas pour cela à la vaillante enfant ; elle était de
la campagne, et puis, dans ce temps-là !... Il n'entrevoit pas dans Jeanne d'Arc le péril clérical. Cagote ?
qu'est-ce que cela lui fait ? Hallucinée ? Il en aurait
voulu beaucoup en 1870 d'hallucinées de cette espèce,
à la tête de nos armées. Non, évidemment, cela ne
prendrait pas. Essayer de la calomnier ? On l'a tenté,
et de main de maître : Voltaire a fait tomber sur elle
les déjections de son esprit haineux. Cela n'a toujours pas pris ; les intéressés jettent précipitamment
de la cendre et du silence sur cette partie de son

œuvre; les indépendants lui ont mis le nez dedans.
Voltaire a méconnu le tempérament français; il ne
pouvait pas le comprendre. Bref, l'héroïne d'Orléans,
de Compiègne et de Rouen reste un embarras; d'autant plus que la question est trop souvent touchée,
trop chère au cœur du peuple tout entier, pour être
passée sous silence; elle lui semble trop simple pour
n'être pas traitée. Et pourtant, tandis qu'on oublie
Jeanne, l'opinion demandera pourquoi; si on
l'exalte... et voilà le douloureux!... L'Église...
l'Église catholique, apostolique et romaine sera ce
jour-là d'accord avec le peuple!... Encore!... Vous
voyez d'ici le danger! alors ce n'est plus la peine
d'avoir fait 1789, guillotiné un roi, une reine et
quelques autres personnes, d'avoir promené les
trois couleurs dans les capitales des monarchies,
d'avoir pris Sébastopol, abandonné la Pologne, lâché
l'Irlande, fait l'Italie et préparé l'Allemagne; d'avoir
voté la loi scolaire, la loi militaire, les lois fiscales,
rétabli le divorce, supprimé les prétendants à un
trône qu'on ne reconnaît pas pour vacant, quoi
encore?... Non, ce n'est pas la peine et tout est à
refaire, si, un beau jour, ne fût-ce qu'un jour par an,
sous prétexte d'une fête de patriotisme, le civil et le
clerc se donnent l'accolade, si les cloches des cathé-

drales sonnent le pavoisement des préfectures et des écoles, et si, dans les villages, M. le curé, M. le maire et M. l'instituteur choquent leur verre à la mémoire de la plébéienne de vingt ans en qui s'incarna la patrie.

Plusieurs solutions — pas fameuses, mais la question est difficile, — sont à l'étude.

L'une d'elles, quelque peu hardie, consiste à changer grossièrement l'histoire. Vous savez, ces Jésuites sont capables de tout.

« Jeanne d'Arc n'a point commandé d'armée, n'a « pas sauvé la France, qui n'avait que faire de son « concours, n'a pas été abandonnée par Charles VII « qui ne la connaissait guère, et n'a pas été brûlée...

« Jeanne d'Arc avait été engagée comme voyante « en 1429, parmi les troupes françaises qui devaient « délivrer Orléans... Le gros peuple avait foi dans « sa vertu surnaturelle.

« Jeanne d'Arc a-t-elle été brûlée ? C'est impos- « sible à admettre. Avant la reprise de Rouen, en « 1449, elle a reparu à Orléans avec ses frères, ainsi « qu'en témoignent les livres de comptes munici- « paux de la ville d'Orléans[1]... »

---

[1] Conférence du 14 juin 1894 à la L.·. L'Équerre : Des effets que peut produire au XIXᵉ siècle la fable ridicule du personnage légendaire de Jeanne d'Arc.

Chose étrange, au milieu de ce galimatias d'hérésie historique, le F∴ qui a fait cette découverte se trouve cependant d'accord avec les catholiques et le bon sens, sur un point très important, et ne craint pas de reconnaître « qu'on commet une erreur énorme en imputant à l'Église le prétendu martyre de Jeanne d'Arc. Il faudrait tout au plus en rendre responsable le petit groupe de juges ecclésiastiques qui ont fonctionné sous la direction du pouvoir politique anglais, à l'encontre des vœux et de l'intérêt de toute l'Église française. »

Les historiens, qui font de l'histoire, ne disent pas autre chose. Un bon point à ce F∴.

D'autres dénoncent le danger, sans restriction et sans ambage.

La loge *la Clémente-Amitié* a provoqué un mouvement dans les loges françaises. Elle a adressé une circulaire à tous les FF∴ de France pour protester contre l'institution d'une fête à Jeanne d'Arc, fête qui est déjà, par la façon d'agir du clergé catholique, la fête des ennemis de la République. La loge adjure tous les maçons d'empêcher, par les moyens dont ils disposent, qu'il soit institué une fête nationale autre que le 14 Juillet.

Le frère qui rend compte du Congrès des loges de

la région parisienne tenu au Grand-Orient les 19, 20, 21 mai 1894, cite la protestation contre toute idée d'une fête à Jeanne d'Arc, qui serait une fête cléricale supprimant celle du 14 Juillet.

Mêmes protestations des loges *la Solidarité picarde* d'Abbeville, *la Régénération* de Bar-le-Duc, *les Amis du travail* de Marseille, *la Loge* de Châtellerault, *la Sincérité* de Reims, etc., etc., contre ce projet.

Même son de cloche chez les loges du Centre.

Et maintenant, conformément à l'habitude constatée plus haut, voici la note contraire. Une interprétation différente consiste à faire de Jeanne une victime du cléricalisme. J'avoue que cette interprétation me paraît plus maçonnique, étant plus hypocritement fausse, et aussi plus profitable à la doctrine des loges, puisqu'elle tire parti du personnage, au lieu de l'abandonner à l'adversaire. Écoutez donc : Jeanne n'est plus ni une voyante, ni une coureuse, mais « une belle jeune fille, douce et aimante. Sa bonne réputation était restée à l'abri de tout soupçon. Se mêlant volontiers aux jeux de ses compagnes, les jours de fête, elle préférait pourtant s'isoler dans le bois chenu et y rêver en écoutant les choses mystérieuses que se disent les grands chênes, quand ils sont agités par le vent[1]. » Délicieux, n'est-ce pas? Les autres historiens sont unanimes à dire qu'elle allait prier, mais il ne faut pas parler de cela au peuple ; seulement alors on se demande pourquoi il se trouve que c'est aux jours de fête qu'elle « préférait pourtant s'isoler ». Ne trouvez-vous pas que ce « pourtant » en dit long sur ce point ?

Il n'est pas question des apparitions de personnages célestes parlant à Jeanne ; elle entendait quoi ? Je vous le donne en mille ; eh bien, voici : elle entendait « les plaintes navrantes des populations meurtries[2] » !...

A partir de la page 10 de la brochure citée, où « finit l'épopée » et où « le martyr commence », l'œuvre maçonnique apparaît avec ses procédés habituels, et avec plus de sans-gêne que d'habileté, d'ailleurs inutile; le procès est présenté de façon à faire rejaillir sur toute l'Église l'odieuse conduite des religieux vendus aux Anglais. L'occasion se présente de faire à « la vaillante Française » un

[1] *Jeanne d'Arc*, par M. A. Delpech, sénateur de l'Ariège (p. 3).
[2] *Jeanne d'Arc*, par M. A. Delpech, sénateur de l'Ariège (p. 5).

honneur de « l'affreux désespoir » qui la pousse à
« sauter dans le vide d'une hauteur de soixante
pieds[1] ». On ne dit pas que la prisonnière avait
l'idée fixe de s'évader pour secourir Compiègne,
qu'elle avait une première fois déjà failli y réussir[2],
et qu'il fallut la nouvelle des dangers que courait
la ville assiégée pour lui faire accomplir l'imprudence,
longtemps méditée et déconseillée par « les voix » ;
c'est au reçu de cette nouvelle que la prisonnière se
décida à sauter de la tour « ou plutôt se laissa glisser
par la fenêtre au moyen de lanières qui rompirent[3] ».

Nous voilà loin d'un attentat criminel à sa vie.
Viennent ensuite de violentes apostrophes aux
« hommes d'Église, hommes féroces sans cœur et
sans entrailles » ; aux pontifes, tous « fondus dans
le même moule » ; — les mêmes projets hantent
leurs crânes de Pape[4] ; — à « cette Église romaine

---

[1] *Jeanne d'Arc*, par M. A. DELPECH (p. 12).

[2] Elle se tenait toujours prête à reprendre l'œuvre qu'elle
estimait seulement interrompue. Un jour, à Beaulieu, elle crut
en avoir trouvé l'occasion ; elle faillit s'échapper à travers les
ais de la prison. Elle était déjà sortie de la tour, et, pour
mieux assurer sa fuite, elle allait y enfermer ses gardiens,
quand elle fut aperçue du portier qui la reprit (H. WALLON,
Jeanne d'Arc. Firmin Didot, 1883 ; p 219-220).

[3] H. WALLON, *Jeanne d'Arc* (Firmin Didot, 1883 ; p. 221).

[4] *Jeanne d'Arc*, par M A. DELPECH.

qui a fourni les hideux bourreaux de la jeune
paysanne de Domrémy », et qui « veut aujourd'hui
mettre la main sur Jeanne, la cataloguer dans son
calendrier de saintes [1] ». Ah ! voilà le danger, le vrai
danger. Condamnée par un tribunal de compétence
et d'autorité plus que douteuses, bientôt réhabilitée
par un pape, canonisée par l'Église, Jeanne appar-
tiendrait à l'Église autant qu'à la patrie. Et le bouil-
lant F∴, qui écrit avec tant de grâce, sait que la
canonisation ne se fera longtemps plus attendre [2].

[1] *Jeanne d'Arc*, par M. A. DELPECH.
[2] Il nous paraît impossible de ne pas signaler un passage
important de la brochure que nous venons de citer. C'est une
perle de maçonnisme. Le voici : « Le 13 mars, au début du 10ᵉ in-
terrogatoire, l'évêque adressa à Jeanne les paroles suivantes :

« Jeanne, à partir de ce moment, religieuse et vénérable
personne frère Jean Lemaître, de l'Ordre des Prêcheurs, vicaire
de l'inquisiteur du mal hérétique en France, qui a assisté à
la plus grande partie du procès et qui a été ainsi à même
d'entendre la plupart de nos réponses, vu la lettre à lui adressée par l'*Inquisiteur général*, veut bien s'adjoindre à nous en
qualité de juge appelé à décider dans la présente cause et
procéder avec nous comme de droit et de raison... Désormais,
nous, évêque, et frère Jean Lemaître, vicaire inquisiteur, nous
procéderons ensemble à toute la suite du procès.

« Nous dédions ces dernières lignes aux imprudents personnages qui essayent de dégager la responsabilité de l'Église
catholique pour l'isoler sur quelques prélats prétendus aujour-
d'hui hérétiques. Le vicaire de l'Inquisition représentait le
Pape lui-même. Jamais Pape quelconque n'a protesté contre
les conclusions de cet infâme procès, et pourtant ces conclusions furent transmises à tous les cardinaux et au Pape lui-

Conclusion ? jamais vous ne devineriez.

Eh bien ! — on n'est pas plus rigoureux, — la conclusion est : « Vive Gambetta ! » « Une fête du patriotisme où l'on rendrait un hommage simultané à Jeanne d'Arc et à Gambetta offrirait une bonne occasion de rappeler annuellement les phases de ce drame unique au monde. » C'est le mot de la fin ; il vaut son pesant d'or ; mais nous avouons que

même. Tous ces prélats, ces chanoines, ces prêtres et moines atroces sont morts comme de benoîtes personnes en pleine possession de leurs titres, qualités, autorité ecclésiastique. »

Or : 1° Le vicaire de l'Inquisition représentait-il le Pape ?

2° On a si bien trouvé un ou plusieurs papes pour protester que, dès 1456, Jeanne d'Arc était réhabilitée à la suite d'un procès ordonné par le pape Calixte III et que, si elle a été récemment déclarée Vénérable (rien du Vén∴), il est vraisemblable qu'un autre Pape a eu connaissance de cette déclaration. Ce qui semble incontestable, c'est le servilisme des hauts personnages du clergé : les uns, comme l'évêque de Beauvais, les membres de l'Université, le vicaire de l'Inquisition, menacé de mort, dit-on, se sont montrés empressés à satisfaire les Anglais qui s'acharnaient à la perte de Jeanne ; les autres, comme l'archevêque de Reims et les courtisans de Charles VII, soucieux de ne pas déplaire à un prince que laissait indifférent le sort de la libératrice. Or c'était l'époque où l'affreux ultramontanisme, que la franc-maçonnerie exècre tant, n'avait pas centralisé entre les mains du Pape la puissance spirituelle de sa grande autorité internationale. Et, s'il est permis d'incriminer le clergé français, c'est à la décharge de l'Église romaine. L'exemple est frappant pour montrer ce que pourrait devenir sous le talon du souverain, peuple ou monarque, les Églises nationales dont certains maçons affectent de déplorer l'absence.

si l'on tient à ce que bon nombre de Français s'abstiennent de participer à la fête projetée du patriotisme, Gambetta, comme correctif de Jeanne d'Arc, est assez bien trouvé.

Et pourtant?... On pourrait faire mieux encore. Un écrivain fameux, qui partage avec Voltaire le goût des mots salés, nous apprenait récemment qu'on peut servir son pays par la plume aussi bien que par l'épée. Pourquoi, dès lors, n'associerait-on pas Voltaire à Jeanne d'Arc dans la fête du patriotisme?

Le contraste serait intéressant, le moyen sûr pour écarter « l'ingérence cléricale » des préparatifs de la fête, et les œuvres du F∴ Voltaire sont aptes à faire envisager le patriotisme avec la largeur et la tolérance dont la franc-maçonnerie se proclame l'apôtre [1]. »

---

[1] Après la bataille de Rosbach (1757), Voltaire complimenta en vers cyniques le roi de Prusse, vainqueur des troupes françaises (les soldats du roi *très chrétien*). Ses premiers vers seuls peuvent se citer ; du reste, ils suffisent :

> Héros du Nord, je savais bien
> Que vous aviez vu les derrières
> Des soldats du roi très chrétien,
> A qui vous taillez des croupières[1].

Au même, en 1775 [2] : « Toutes les fois que j'écris à Votre

[1] A Frédéric II, 2 mai 1759.
[2] A Frédéric II, 28 mars 1775.

Hâtons-nous d'ajouter que la fête de Jeanne d'Arc, en dépit du dualisme ordinaire des opinions maçonniques, n'a aucune chance de succès auprès des franc-maçons. Déjà Jean Macé avait autrefois, si nous ne nous trompons, condamné une fête à laquelle « l'Église pourrait s'associer ». Voici le son de cloche actuel :

« Attendu qu'à Paris le clergé a institué une fête de Jeanne d'Arc, où les corps constitués, notamment l'armée, sont venus se ranger autour de l'étendard blanc ;

« Attendu que des fêtes religieuses semblables ont été instituées dans plusieurs autres villes ;

« Attendu qu'à Paris le cercle catholique a om-

Majesté sur des affaires un peu sérieuses, je tremble comme nos régiments à Rosbach.

A Catherine de Russie :

« J'ai le cœur navré de voir quelques-uns de mes compatriotes parmi ces fous de confédérés. Nos Welches n'ont jamais été trop sages, mais du moins ils passaient pour galants... Daignez observer, Madame, que je ne suis point Welche, je suis Suisse, et, si j'étais plus jeune, je me ferais Russe [3].

« On dit que, parmi les Français, il y a des Welches qui sont grands amis de Moustapha, et qui se trémoussent pour embarrasser *mon* impératrice. Je ne veux pas le croire [4] ».

[3] Lettre à Catherine II, 18 octobre 1771.
[4] Lettre à Catherine II, 25 mars 1773.

bragé du drapeau national des panonceaux fleurde-
lysés, que le drapeau blanc a été arboré aux fenêtres
d'ennemis de la République ; que, le soir, des groupes
de jeunes gens conduits par des prêtres se sont librement promenés en criant : « Vive Jeanne d'Arc ! »

« Attendu que, dans le Gard, des troupes d'hommes
et de femmes groupés autour d'un drapeau blanc
ont crié : « Vive la Saint-Barthélemy ! »

« Attendu que, dans le Var, l'Ardèche, l'Hé-
rault, les Basses-Pyrénées, la Vienne, l'Isère, le
Rhône, etc., on a vu des drapeaux blancs fleurde-
lysés aux fenêtres ;

« Attendu que des évêques ont déclaré qu'en instituant la fête de Jeanne d'Arc, il s'agissait de ruiner la fête du 14 Juillet ;

« Attendu que la plupart des communes n'ont pas
les ressources nécessaires pour contribuer à deux
fêtes nationales ;

« Attendu qu'il n'y a pas lieu d'exciter les fer-
ments déjà bouillants de la guerre sociale et religieuse et de fournir un élément de plus aux entre-
prises cléricales en instituant une fête en l'honneur
de Jeanne d'Arc qui appartient à la Patrie, que les
prêtres ont brûlée, mais dont ils entendent tirer
profit aujourd'hui :

« Le Congrès des Loges de la région parisienne est d'avis :

« Qu'il ne soit institué aucune fête nationale autre que la fête du 14 Juillet [1]. »

Vœu de la Loge *la Zélée* de Bayonne :

« Que la fête du 14 Juillet soit la seule fête nationale et que le Conseil de l'Ordre fasse tous ses efforts pour que la fête nationale de Jeanne d'Arc, déjà votée par le Sénat, soit repoussée par la Chambre des députés. » (Renvoyé au Conseil de l'Ordre.)

Nous comptions arrêter là ce qui concerne les rapports de Jeanne d'Arc avec la franc-maçonnerie, lorsque M. de Mahy, avec le courage dont il est coutumier, vint dénoncer à la tribune de la Chambre les « injonctions » maçonniques relativement à la question de la fête de Jeanne d'Arc. L'incident est instructif :

« ... Plus longtemps vous couvrirez ma voix, plus longtemps vous m'obligerez à rester à la tribune.

« ... Il y a une autre loi, dis-je, qui me tient au cœur et qui m'a également obligé à rester parce que

[1] *Compte rendu du Convent de* 1894, assemblée générale du 14 septembre. (Le vœu est renvoyé au Conseil de l'Ordre pour qu'il fasse le nécessaire auprès des membres du Parlement.)

j'ai l'honneur d'en être le rapporteur. C'est la loi précédemment votée par le Sénat et qui a pour but d'instituer la fête nationale de Jeanne d'Arc. (*Mouvements divers.*) Quel que soit le jour de votre prochaine séance...

M. Fernand Rabier. — « On la votera au cours de la prochaine législature !

M. de Mahy. — « Non, monsieur Rabier, au cours de celle-ci...

« Quel que soit le jour de votre prochaine séance, je vous demande de mettre en tête de votre ordre du jour la loi sur la fête de Jeanne d'Arc. (*Bruit à gauche et à l'extrême-gauche.*)

« ... Je ne suis pas homme à reculer devant les menaces ni devant les railleries. (*Interruptions.*)

« Raillez tant que vous voudrez le vieux républicain qui est à cette tribune ; mais vous ne l'en ferez pas descendre, parce qu'il exerce son droit. (*Applaudissements.*)

« ... Je sais quelles sont les influences qui s'agitent autour de nous et quelles sont les pressions qui sont exercées sur nos consciences.

« Vous ne direz pas que ces essais d'intimidation n'existent pas ; si vous avez la pensée de les nier, j'ai la main pleine de preuves que je vous donnerais pour peu que vous en ayez envie. (*Exclamations à gauche et à l'extrême-gauche.*) Non, dites-vous ?

« Eh bien ! inscrivez à votre ordre du jour la fête nationale de Jeanne d'Arc ; puis, immédiatement après, les lois électorales ; à cette condition, je vous ferai grâce de la lecture que vos interruptions m'engageaient à vous faire. (*Exclamations et sourires sur divers bancs.*)

« Messieurs, ne riez pas quand il s'agit, à l'heure critique, à l'heure solennelle où nous sommes, de nous reprendre après toutes les agitations, toutes les horreurs que nous vaut le cosmopolitisme et dont nous venons d'être témoins ; de nous reprendre à quelque chose qui soit un idéal national, exclusivement français. (*Applaudissements.*)

« Eh bien ! puisqu'il le faut, je vous ferai connaître à quelle pression on essaye de vous faire obéir. (*Dénégations et bruit.*)

Voix nombreuses. — « A lundi !

... M. DE MAHY. — « Le renvoi à vendredi ou à lundi est une manœuvre, et je vais montrer d'où elle vient. (*Vives réclamations.*)

M. EMILE CHEVALLIER. — « Vous compromettez votre cause.

M. DE MAHY. — « Non, mon cher Collègue, je

démasque un parti pris. M. le Président me demande de laisser fixer d'abord le jour de notre prochaine séance. J'y consens.

« Je ferai remarquer à la Chambre que de la fixation du jour dépend la fixation du fond. (*Mouvements divers.*) C'est pour cela que j'insiste.

« Je supplie la Chambre de décider qu'elle tiendra séance demain. Si elle ne le faisait pas, elle montrerait qu'elle obéit à des injonctions. (*Vives réclamations sur divers bancs.*) La Chambre, disent ceux qui nous ont adressé ces injonctions... (*Bruit.*)

Voix nombreuses. — « A lundi !

M. DE MAHY. — « Je suis bien obligé de faire connaître à la Chambre pourquoi on ne veut pas qu'elle siège demain. (*Interruptions et bruit. — Aux voix.*)

Sur plusieurs bancs. — « A lundi ! A lundi !

M. DE MAHY. — « Je vous le répète, la fixation du jour comporte le règlement même de l'ordre du jour. Voilà pourquoi je dois vous faire connaître et faire connaître au pays quelle pression on se permet d'exercer... (*Interruptions. — Bruit.*)

« Messieurs, vous ne m'empêcherez pas de parler.

« ... Je demande que le jour de la prochaine séance soit fixé à demain. (*Dénégations.*)

« Ce n'est pas arbitrairement que je fais cette proposition. J'ai des raisons pour la faire.

Sur divers bancs. — « Aux voix !

M. DE MAHY. — « Non, Messieurs, j'ai des raisons à exposer. Vous ne m'avez pas entendu.

« Nous sommes à la fin d'une législature. Ne donnez pas l'exemple de la violation de la liberté de la tribune.

« Je lis le papier qui nous a été adressé pour nous intimider :

« La Chambre est aujourd'hui saisie d'un rapport sentimental appuyé sur des pétitions de femmes, colportées par des curés dans les alcôves. »

M. LE PRÉSIDENT. — « Mais, M. de Mahy, c'est le fond.

M. DE MAHY. — « Je ne discute pas le fond. Je n'admets pas que, par des interruptions, on empêche un orateur de parler et qu'on lui dise qu'il est trop longtemps à la tribune.

« Monsieur le Président, vous ne m'avez pas protégé, vous m'avez laissé interrompre. (*Bruit.*)

M. LE PRÉSIDENT. — « Je vous en prie, monsieur de Mahy, expliquez en quelques mots ce que vous désirez.

M. DE MAHY. — « Voici un document que j'ai à faire connaître. C'est très court :

« La Chambre est aujourd'hui saisie d'un rapport
« sentimental appuyé sur des pétitions de femmes

11

« colportées par les curés dans les alcôves. Le pro-
« jet de loi pour une fête de Jeanne d'Arc porte de
« nombreuses signatures des membre du Parlement,
« aveugles ou complices de la réaction cléricale.
« Les aveugles, adressez-vous à eux, TT.·. CC.·.
« FF.·., et relevez leur paupière, les complices...,
« les complices du pape et des jésuites... c'est notre
« affaire ; nous les connaîtrons et nous ne les oublie-
« rons pas ; mais nous vous supplions, TT.·. CC.·.
« FF.·., républicains sans compromissions sordides,
« d'empêcher l'institution d'une fête nationale de
« Jeanne d'Arc. »

« Voilà ce qu'on se permet de nous écrire. Moi, je
ne connais en ce pays qu'un seul maître : le peuple
français. Je n'obéis pas aux ingérences occultes. Je
demande que la loi portant institution de la fête de
Jeanne d'Arc soit mise à notre ordre du jour de
demain mardi [1]. »

Par 338 voix contre 173, la Chambre, renvoyant la
prochaine séance au lundi suivant, repousse la proposition de M. de Mahy. « Cela ne m'empêchera pas,
conclut le tenace député de la Réunion, de remonter
lundi prochain à la tribune pour demander de

---

[1] *Journal officiel* du mardi 15 mars 1898, séance du
14 mars 1888 (p. 1278-1279).

nouveau l'inscription à l'ordre du jour de la loi sur la fète de Jeanne d'Arc. »

Le factum auquel fait allusion M. de Mahy vaut son pesant d'or. Rien ne nous semble plus apte à faire plus efficacement l'office de repoussoir ; tel le spectacle du pauvre esclave antique chargé de dégoûter à jamais le jeune citoyen des passions qui asservissent la liberté. Voici ce chef-d'œuvre, tel qu'il nous est transmis par un journal du Centre [1] et publié depuis un peu partout. Nous nous ferions un cas de conscience d'en supprimer ou d'en modifier une lettre ; nous laisserons le lecteur sur ce bon goût.

LA R.∴ L.∴ « LA CLÉMENTE AMITIÉ »

A tous les FF.∴ MM.∴ et en particulier aux FF.∴ de la Chambre des députés

Or.∴ de Paris, 2 février an CVI.

TT.∴ CC.∴ FF.∴,

Nous voyons qu'il est de nouveau question d'instituer une fête de Jeanne d'Arc.

Nous n'avons pas à discuter l'histoire ni la légende de cette héroïne ; nous trouvons simplement difficile

---

[1] *L'Avenir du Puy-de-Dôme*, 8 mars 1898.

de lui faire incarner l'idée de la patrie française, puisqu'elle a vécu à uné époque où la patrie n'existait pas, où la notion de la patrie est même si éloignée que, beaucoup plus tard, les deux plus illustres guerriers de la monarchie française, Condé et Turenne, servirent aussi bien dans les rangs des Français que dans les rangs des ennemis de la France. C'est que l'idée de patrie, c'est que la patrie dans son unité et dans son indivisibilité, date de la Révolution française, c'est qu'il faut s'adresser à la Révolution française, si on veut fêter la patrie, et que ceux-là seuls l'ont connue qui montèrent à l'autel de la patrie pour en descendre avec le drapeau tricolore et porter au monde la liberté dans ses plis.

« Que la Chambre des Députés, si elle est républicaine et patriote, institue la fête commémorative des volontaires de 92 ; mais qu'elle ne tombe pas dans le piège grossier ouvert sous ses sièges par les Jésuites d'instituer la fête de la monarchie avec Jeanne d'Arc, bientôt canonisée par l'Église.

« Ouvrez les yeux, TT∴ C∴ F∴, à ceux qui ne veulent pas voir.

« La Chambre est aujourd'hui saisie d'un rapport sentimental, appuyé sur des pétitions de femmes

colportées par les curés dans les alcôves. Le projet
de loi, pour une fête de Jeanne d'Arc, porte de
nombreuses signatures de membres du Parlement,
aveugles ou complices de la réaction cléricale. Les
aveugles ! adressez-vous à eux, TT.·.CC... FF.·.,
et relevez leurs paupières ; les complices..... Les
complices. du pape et des jésuites... c'est notre
affaire ; nous les connaîtrons et nous ne les oublie-
rons pas ; mais nous vous supplions, TT.·.CC.·.
FF.·., républicains sans compromissions sordides,
d'empêcher l'institution d'une fête nationale à Jeanne
d'Arc.

« Déjà, à plusieurs reprises, *la Clémente Amitié*
s'est élevée énergiquement contre cette fête ; elle a
crié, et elle crie :

« C'est la fête de la réaction cléricale, c'est une
fête de guerre civile.

« Ne trouvez-vous pas que la haine des citoyens
les uns pour les autres soit assez attisée ? Que le
pape, les évêques, les jésuites n'agissent pas suffisamment pour ruiner la France, l'abaisser, faire
naître bientôt l'émeute ? La Chambre va-t-elle donner à nos ennemis séculaires une arme nouvelle,
leur fournir un levier ? Oublie-t-on que, pour une
fête encore illégale, nous avons vu sonner les

cloches, le drapeau du pape apparaître aux fenêtres avec les bannières fleurdelysées, les réactionnaires triomphants courir au *Te Deum* d'actions de grâces et d'eau bénite asperger les rues, en attendant qu'y coule le sang.

« TT∴ CC∴ FF∴, saisissez-vous de ce brandon fumeux de la guerre civile ; empêchez qu'il ne brûle, rejetez la fête de la Monarchie.

« Déclarez que la République a assez d'une fête nationale et que le 14 Juillet fête la Patrie en même temps que la Liberté.

« Nous comptons sur vous.

« Salut et fraternité.

Par mandement de la L∴
Edgard MONTEIL, vén∴ »

Nous ne pouvons, à propos de patriotisme, passer sous silence la fameuse conférence de Vincennes. Voici ce qu'il nous semble bon de soumettre à la critique du lecteur, sur l'incident momentanément bruyant, provoqué par l'initiative, au moins maladroite, d'une loge de cette localité radicale. La loge *le Globe* avait, en 1886, provoqué une conférence sur la question de savoir si, « dans l'intérêt de la franc-maçonnerie, il était à désirer que l'Alsace-Lorraine

demeurât allemande ». Voyez-vous, pour ne parler
que du seul choix du sujet, voyez-vous d'ici le *tolle*
si, parmi les sujets des conférences qui se font annuellement au Cercle du Luxembourg, on avait lu celui-
ci: « De la question de savoir si, en présence de la
situation faite en France aux catholiques, il est à désirer, dans l'intérêt de la religion catholique, que
l'Alsace-Lorraine reste allemande? » Entendez-vous
d'ici le vacarme dans la presse, les interpellations à
la Chambre et les ordres du jour en quête de nou-
veauté: « Considérant que les catholiques sont les
serviteurs dociles d'une puissance étrangère !... »
Pourtant on ne trouve trace nulle part d'une émotion immédiate officielle du G.·. O.·., et l'émotion
tardive semble le fruit d'initiatives individuelles. Le
1er octobre, trois semaines après la tenue où avait
été traitée la question, *la Chaîne d'Union* écrit:

« Nous ne pouvons pas ne pas mentionner ici,
« quoique avec un sentiment de profonde tristesse,
« un ordre du jour que nous aurions cru ne pas pou-
« voir se trouver sur la planche de convocation d'une
« loge française. Nous savons bien qu'il y aura la
« contre-partie. Pour notre part, nous déplorons les
« joûtes oratoires du genre de celle-ci. »

Malgré la violente protestation d'une loge alsacienne, malgré l'espoir exprimé par des journaux amis, et dès le 1ᵉʳ novembre par *la Chaîne d'Union*, que « toutes les loges françaises manifesteront qu'il y a nécessité pour des frères qui sont si peu de leur pays de se retirer de toute participation maçonnique » aux travaux de l'ordre, c'est seulement le 3 décembre que la loge incriminée désavoue son conférencier du 3 septembre.

Si sagement, si longuement élaboré, son jugement pouvait-il n'être pas sincère ? Ah ! ces gaillards-là ne sont pas de ceux qui s'emballent inconsidérément et, quand ils affirment leur patriotisme, on peut les croire ; ce n'est pas après boire, la tête chaude, et le cœur sur la main.

Le 4 février de l'année suivante, 1887, la question n'est pas encore complètement vidée, et la loge *le Globe*, « désirant mettre fin à un malentendu qui a jeté la division parmi ses membres, déclare qu'elle regrette d'avoir porté à son ordre du jour une question qui a pu faire suspecter son patriotisme ». L'empressement à éclaircir ce point délicat n'avait traîné que cinq mois.

Ajoutons qu'une polémique survenue en 1893 apporte, relativement à la question, quelques documents dignes d'être signalés.

Dans une lettre à *la Libre Parole*, le 15 mars 1893,
M. Georges Chastanet dit :

« Vous faites erreur en déclarant que six loges
françaises seulement ont protesté contre l'ordre du
jour de la loge *le Globe* de Vincennes.

« Sans attendre la consultation officielle retardée
par le fait de certains dignitaires, les uns décédés,
les autres encore en fonctions, plus de 270 loges
avaient adressé elles-mêmes, au Grand-Orient de
France, une protestation énergique contre ce malen-
contreux ordre du jour, dont le seul titre avait suffi
pour émouvoir les francs-maçons.

« Ceux qui ont assisté à la conférence (et j'étais
de ceux-là) savent et n'ont pas oublié le piteux
effondrement sous lequel a été enseveli le conférencier, le F∴ Trollet.

« Si la consultation officielle faite tardivement,
trois mois après, a donné les résultats que vous
constatez, cela tient à ce que les loges n'ont
pas cru devoir renouveler une protestation que,
spontanément, elles avaient adressée au Grand-
Orient. »

A quoi *la Libre Parole* répondit, le 16 :

« 1° D'après M. Chastanet, sur les 409 loges de
France, 270 et non 6, comme nous l'avions prétendu

auraient protesté contre l'ordre du jour de la loge de Vincennes.

« S'il en était ainsi, les 139 autres Loges, c'est-à-dire plus du tiers de la maçonnerie française, se seraient prononcées pour la prussification de l'Alsace-Lorraine.

« 2° M. Chastanet prétend que, le jour de sa conférence, le F.·. Trollet fut enseveli sous un piteux effondrement.

« Sur ce point encore, la mémoire de M. Chastanet·n'est pas très exacte. Les membres du *Globe* désapprouvaient si peu les organisateurs de la conférence, les FF.·. Blavier et Trollet, que, quelques semaines plus tard, ils les nommaient Vénérable et Premier Surveillant de leur loge, c'est-à-dire président et vice-président.

« Si les loges avaient — non pas à l'unanimité, mais simplement à la majorité — entendu désapprouver *le Globe* de Vincennes, cette loge eût certainement été mise en sommeil. Or non seulement la loge n'a pas été fermée, mais le Grand-Orient, quelque temps après, la comblait d'honneurs en constituant en elle un atelier supérieur, un chapitre de Rose-Croix. »

Nous n'avons pas sous la main le contrôle de ces

affirmations contradictoires, mais elles constituent au moins d'intéressants documents, et le fait même des lenteurs, reconnu par l'intéressé, permet au moins de conclure à une bien remarquable hésitation dans l'attitude des bons frères.

IX

LA FRANC-MAÇONNERIE ET LE GROUPEMENT

DES PUISSANCES

N'est-ce pas encore aux préoccupations maçonniques qu'il faut attribuer ce mouvement « occidenta-
liste », dont nous avons dit un mot plus haut, hostile
au premier chef à l'alliance russe. Ainsi que nous
l'avons dit, on le sent plus qu'on ne le prouve ; mais
les citations qui suivent montrent que cette tendance
n'échappe pas aux observateurs des évolutions con-
temporaines. Consultons un auteur non suspect de
complaisance dans notre sens [1].

« La période révolutionnaire n'avait pas laissé

---

[1] M. Seignobos, à la page xi de la préface de son ouvrage :
Histoire politique de l'Europe contemporaine, parle en effet
sans ambage de « ses préférences personnelles pour un régime
libéral, laïque, démocratique et occidental ».

seulement des souvenirs et des regrets ; elle avait
formé un personnel militant, qui, groupant les mé-
contents de tout genre en partis libéraux et natio-
naux, mena contre l'œuvre de la Restauration une
guerre continuelle, par des moyens violents, com-
plots, émeutes dans les villes, révoltes militaires,
insurrections nationales. Les gouvernements répon-
dirent par des procès, des condamnations, des exécu-
tions et un régime de persécution politique, inter-
mittent en France et dans l'Europe centrale, continu
dans les pays du Midi[1]. » Il est facile de reconnaître
« ce personnel militant », légué par la Révolution
et prêt à employer tous « les moyens violents ».
C'est celui que nous décrivent Louis Blanc, dans
les pages précédemment citées, et N. Deschamps
dans le tome II de son volumineux ouvrage. Du
reste, les FF.˙. ne les renient plus ; demandez au
président du Convent de 1895.

« En Sardaigne, le Statut de 1848 établissait un
gouvernement semi-parlementaire, un cens presque
démocratique, et le régime de l'État laïque. De plus,
les tentatives manquées d'unité nationale avaient

[1] A. SEIGNOBOS, *Histoire politique de l'Europe contemporaine*
(p. 794).

laissé en Sardaigne le désir de faire l'unité de l'Italie, en Prusse le désir de l'unité de l'Allemagne, et Napoléon, ancien révolutionnaire, restait personnellement partisan de la « politique des nationalités ».

Napoléon s'unit d'abord à l'Angleterre, arrêta le tsar[1] et se servit du règlement général de la question d'Orient pour ébaucher l'État national roumain et la question italienne. Puis les trois gouvernements révolutionnaires s'entendirent contre l'Autriche, la puissance conservatrice qui empêchait l'unité de l'Italie et de l'Allemagne. Napoléon par son armée aida la Sardaigne à commencer l'unité italienne, en commençant à expulser l'Autriche de l'Italie (1859) ; par sa neutralité il aida la Prusse à commencer l'unité allemande en expulsant l'Autriche de l'Allemagne (1866). Les deux unités s'achevèrent par la défaite de la France (1870)[2].

« ... L'Italie, préparée par l'entente du gouvernement révolutionnaire de Sardaigne avec les républicains au nom de l'unité nationale, fut créée par l'an-

---

[1] A rapprocher de ce fait que lord Palmerston, à cette époque, occupait à la fois les premiers rangs dans la maçonnerie et dans la politique anglaises. Voir à ce sujet : *Les Sociétés secrètes et la Société*, par N. DESCHAMPS (t. II; p. 312 et suiv.).

[2] Ch. SEIGNOBOS, *loc. cit.* (p. 799-800).

nexion successive au royaume de Sardaigne (1860-70) de tous les États italiens, avec le consentement formel des populations et malgré les protestations du Pape. Elle conserva son régime constitutionnel qui, grâce à l'abstention des conservateurs catholiques, évolua vers un régime de forme parlementaire et démocratique, sous la direction des radicaux du Midi[1].

« ... Le régime libéral devenait le gouvernement normal de l'Europe, sous forme parlementaire démocratique dans l'Ouest, sous forme constitutionnelle dans le Centre. Les gouvernements eux-mêmes appelaient les partis libéraux à partager avec eux le pouvoir. Sous ce régime de liberté politique, les partis démocratiques se reconstituèrent : en France, un parti radical républicain, en Italie, un parti radical rallié à la monarchie.

« Les deux partis internationaux, catholique et socialiste, reparaissaient dans la lutte. Le parti catholique, rejeté sur la défensive par la politique laïque des gouvernements, affirmait sa résistance à la Révolution par les protestations du Pape contre le royaume d'Italie et contre les libertés modernes (1864); il engageait un conflit général avec

[1] Ch. SEIGNOBOS, *loc. cit.* (p. 801).

les gouvernements sur les droits de l'Église, reculant partout (excepté en Belgique), mais s'organisant pour la lutte politique [1].

« La Révolution de 1830 a été l'œuvre d'un groupe de républicains obscurs servis par l'inexpérience de Charles X; la Révolution de 1848, l'œuvre de quelques agitateurs démocrates et socialistes aidés par le découragement subit de Louis-Philippe; la guerre de 1870, l'œuvre personnelle de Bismarck préparée par la politique personnelle de Napoléon III. A ces trois faits imprévus on n'aperçoit aucune cause générale dans l'état intellectuel politique ou économique du continent européen. Ce sont trois accidents qui ont déterminé l'évolution politique de l'Europe contemporaine [2]. »

Est-ce que la franc-maçonnerie n'est pas apte à suppléer à la cause que l'on ne voit pas dans l'état de l'Europe et à créer avec ces républicains obscurs, ces socialistes et cette politique personnelle de Napoléon III, le lien qui unit « les trois accidents » dont parle l'historien ?

[1] Ch. Seignobos, *Histoire politique de l'Europe contemporaine* (p. 802).
[1] Ch. Seignobos, *Histoire politique de l'Europe contemporaine* (p. 805).

X

LA FRANC-MAÇONNERIE,

SOCIÉTÉ PHILANTHROPIQUE

Chapitre court celui-là, et pour cause. Nous donnons la parole à l'ex-F∴. Copaiń-Albancelli ; Il répond à l'argument que nous avons signalé au début, argument cher aux indifférents et aux optimistes.

« Puisque les francs-maçons ont fait leur spécialité de la question religieuse, ils ne sont certainement pas sans avoir entendu parler de la fonction sociale remplie par certaines congrégations catholiques, comme les frères de Saint-Jean-de-Dieu, les Sœurs de Charité, les Petites-Sœurs des Pauvres, pour ne citer que celles-là. Les congréganistes laïques de la rue Cadet professent tout naturellement un assez grand mépris pour les congréganistes reli-

12

gieux dont je viens de citer les noms. Or je les prie
de se demander à quel degré monterait ce mépris,
si les membres de ces associations, au lieu de soulager, partout où ils les rencontrent, les misères
résultant de notre organisation sociale ou causées
par la maladie, se contentaient de s'entr'aider, de se
soigner, de se consoler, de se soulager entre eux.

« C'est une caisse particulière, la « caisse hospitalière », qui, dans chaque loge, fournit aux secours ;
et il arrive fort souvent que les ateliers sont obligés
de répondre négativement aux demandes, parce que
leur caisse hospitalière est vide. Il faut dire qu'elle
n'est alimentée que par les sous déposés dans « le
tronc de la Veuve », qu'on fait circuler à la fin de
chaque séance, et par les offrandes en quelque sorte
imposées aux profanes au moment de leur initiation.

La moyenne de ces recettes ne monte guère qu'à
60 ou 80 francs par an, ce qui donne pour toutes les
loges du Grand-Orient, 20 à 25.000 francs. Cette
somme, répartie entre les 18.000 maçons de la Fédération, représente pour chacun d'eux un sacrifice
annuel de 1 franc et quelques sous. C'est pour cela
que la franc-maçonnerie s'intitule société philanthropique.

« Je dois ajouter que j'ai entendu certains frères

s'élever avec violence contre les demandes de secours qui circulent dans les loges (chaque loge en reçoit en moyenne deux par mois) et qui, d'après eux, tendent à transformer la franc-maçonnerie en société de mendicité. Inutile de dire qu'une pareille appré-ciation émanait toujours d'un politicien.

« En dehors de ces secours votés dans les ateliers pour soulager des infortunes particulières, le Grand-Orient a fondé une œuvre d'utilité générale — d'utilité générale maçonnique, bien entendu. — C'est un orphelinat dans lequel un certain nombre d'enfants de francs-maçons décédés peuvent être nourris et élevés. Cet orphelinat est soutenu par une contribution des loges, et par une autre prélevée sur le budget général du Grand-Orient.

« Ceci dit, le chapitre des bienfaisances maçonniques est épuisé.

« ... Ayant constaté d'abord leur pauvreté intellectuelle, puis le soin qu'ils prennent de fermer leurs portes au peuple et, par suite, l'impossibilité où ils sont d'être considérés comme leurs mandataires, j'ai dû chercher ailleurs la justification de leur situation. C'est pourquoi j'ai examiné le budget de leurs bonnes œuvres. Le résultat de cet examen est la certitude acquise que la franc-maçonnerie française est aussi peu philanthropique qu'elle est peu philosophique et peu progressive. Les bonnes œuvres dont bénéficient ses membres n'ont guère d'importance, et celles dont profite le peuple sont absolument nulles.

« ... Je suis obligé de constater combien cette congrégation laïque est, au point de vue philanthropique, inférieure aux congrégations catholiques qu'elle abomine, et dans lesquelles toutes les activités, toutes les forces, et toutes les ressources sont consacrées au soulagement des misères.

« ... En considérant que rien qu'en France le catholicisme subvient aux besoins de milliers d'hôpitaux, d'asiles, d'hospices et d'œuvres charitables de toutes sortes, tandis que la franc-maçonnerie n'est parvenue à fonder qu'un orphelinat à son usage spécial, les pauvres peuvent voir ce qu'ils auraient à perdre, si cette association réussissait, comme elle le désire, à supprimer le sentiment religieux, chrétien, et à le remplacer par le matérialisme maçonnique.

« Je me demande même comment se comporteraient les frères maçons à l'égard des innombrables souffrances adoucies par le catholicisme, dans le cas où ils arriveraient à expulser brutalement celui-ci du sol national. Ce n'est certainement pas dans les

caisses hospitalières de leurs loges, qu'ils trouve-
raient des ressources suffisantes pour remplacer
celles dont les pauvres seraient du jour au lendemain privés. Alors... ?

« La question est d'autant plus inquiétante que si
dans les ordres du jour d'expulsion votés par les
loges et dont nous n'avons pu citer que quelques-
uns, les francs-maçons ne négligent pas l'attribu-
tion des biens appartenant aux congrégations, en
revanche, ils ne disent pas un mot des enfants, des
vieillards, des malades et des infirmes qui peuplent
les hôpitaux et les asiles dont les religieux seraient
chassés. Il semblerait que ce côté de la question ne
les intéresse pas.

« Apportez-nous leurs dépouilles !... s'écriait il y
a quelques années, à la Chambre, un franc-maçon
parlant des congrégations. Soit... pourrait-on lui
répondre, mais à condition que vous vous chargiez
de toutes leurs œuvres et que vous ne laissiez pas
sur le pavé un seul des malheureux qu'elles aident
à vivre [1]. »

Il paraît que cela s'appelle l'altruisme — un joli

---

[1] COPIN-ALBANCELLI, *La Franc-Maçonnerie et la Question
religieuse* (p. 183 et suivantes).

mot, n'est-ce pas ? — qui est le succédané laïque de la charité.

A d'autres ! Aussi bien regardons encore sous le masque.

« La bienfaisance, dit *le Monde maçonnique*, n'est pas le but, mais seulement un des caractères et des moins essentiels de la maçonnerie [1]. »

Un frère appelle les maçons pauvres « la lèpre hideuse de la maçonnerie française [2] ». Un autre, qui traite le maçon indigent de « génie malfaisant », sait à quoi s'en tenir sur la charité maçonnique, en conseillant de ne recevoir que des *hommes honorables ;* et ce n'est pas un moine qui a écrit : « Ne recevez jamais dans l'Ordre que des hommes qui puissent vous présenter la main et non vous la tendre [3]. »

---

[1] RAGON, *Cours philosophique et interprétatif des initiations anciennes et modernes*, p. 368.

[2] BAZOT, *Code des francs-maçons*, p. 176.

[3] RAGON. *loc. cit.*, p. 368.

CONCLUSION

De cette étude, si incomplète et si décousue qu'elle soit, on peut du moins tirer quelques conclusions.

Caste bien définie, formée d'un petit état-major « d'intellectuels » bourgeois, qui, l'esprit déprimé par la haine, tiennent les fils d'une masse de comparses à vue courte et à puffisme sans limite, la franc-maçonnerie est à la fois une école doctrinale et politique.

Son caractère principal, l'étroitesse ;

Son but, la domination ;

Sa méthode, mélange d'hypocrisie et de violence.

Incapables de s'élever à la pratique de la liberté dont la notion même est refusée à leur cervelle de sectaires grincheux, comme le vol de l'aigle est interdit aux ailes du hibou, les francs-maçons ont contre tout ce qui élève et réchauffe, contre Dieu, contre les religions en général et contre la religion catholique en particulier, sans doute parce qu'elle est la mieux coordonnée, concentré tous les efforts d'une haine aiguë ; mais il est facile de prévoir, pour le lendemain de la ruine — toujours escomptée — de l'ennemie séculaire, la même ardeur et la même aigreur vis-à-vis de quiconque pourrait avoir l'audace singulière de penser autrement que la secte et de réclamer, autrement qu'à son ombre, une place à la lumière du jour.

Les pouvoirs publics, l'enseignement, le travail et jusqu'à la misère doivent recevoir institutions, mots d'ordre, doctrines, salaires et secours, de sa doctrine ou de son bon plaisir.

Incarné dans la « canaille » de Voltaire, le peuple appartient à la secte et nul des siens n'y doit bouger sans l'ordre ou sans l'assentiment du Grand Conseil de son Ordre.

L'État, c'est elle.

Sa politique extérieure, inspirée du seul intérêt maçonnique, le seul au monde, a la largeur des vues qui ont conduit l'Empire à Sébastopol pour l'Angleterre, à Solférino pour l'Italie, à Sedan pour l'Allemagne.

Sa politique intérieure, dont la seule force est dans l'inénarrable sottise de ses adversaires, est faite de machinations à la petite semaine, et dominée par la fatalité « immanente » qui la jette, comme un roquet hargneux et tenace, dans les jambes de la

liberté. Jalouse de la liberté de conscience, quand il
s'agit de la conscience des autres, jalouse de la
liberté d'enseignement, quand il s'agit de l'enseignement des autres, jalouse de la liberté d'association, quand il s'agit de l'association des autres,
jalouse de toutes les libertés naturelles, de tout ce
qui peut grandir la personnalité morale et sociale
de l'homme, elle s'est attachée à la République par
calcul et par intérêt, tant elle a vu en elle l'outil, ou
mieux l'arme propre à épouvanter ou à atteindre ses
adversaires ; mais, outre qu'elle n'hésite pas à se
mettre à la remorque des royautés quand elles jouent
le jeu qui lui est cher, elle ne cache pas sa sympathie
pour le futur mouvement révolutionnaire, dût-il
emporter une république qui n'est plus celle de ses
rêves, dès qu'on y entrevoit comme possible d'y
vivre en paix, d'y respirer le grand air et d'y voir
briller pour tous le soleil de la liberté.

Au milieu des déclarations contradictoires savam-
ment tolérées de ses adeptes, la marche une, régu-
lière et logique de la secte se révèle par les déclarations officielles de ses « tenues », les injonctions
de ses loges et les votes des esclaves qu'elle mêle,
dans le Parlement aux libres représentants de la
démocratie française.

Puissent les masques qui tombent tous les jours être tous à terre avant que, de sa main parfois un peu lourde, le peuple fatigué ne les vienne arracher pour chercher, derrière leur face sans vie et sans franchise, quels sont ceux sur lesquels retombent si bien les paroles que l'un des célèbres coryphées de la secte, dans un discours fâcheusement célèbre, formulait pour d'autres que pour ses amis :

« Oui, il faut les faire rentrer dans la loi. Il faut surtout, si on veut en avoir raison, supprimer les faveurs ; car, croyez-le bien, ce sont les complicités de la faveur, des privilèges et des avantages de toute nature qu'ils ont rencontrés pour eux et pour leurs créatures dans les diverses administrations publiques, c'est là ce qui fait la moitié de leur force.

Quand ils ne pourront plus compter sur le favoritisme gouvernemental, soyez convaincus que leur clientèle se réduira bien vite, et comme, en somme, ils ne vivent que de la crédulité publique, plus de crédit, plus de crédulité [1]. »

---

[1] Léon GAMBETTA, *Discours de Romans* (18 septembre 1878). (*Discours et Plaidoyers choisis*, p. 300).

FIN

TABLE DES MATIÈRES

Tours, imp. Deslis Frères, 6, rue Gambetta.

www.ingramcontent.com/pod-product-compliance
Lightning Source LLC
Chambersburg PA
CBHW072227270326
41930CB00010B/2029